COMEÇANDO JUNTOS

H. NORMAN WRIGHT

COMEÇANDO JUNTOS
DEVOCIONAL PARA CASAIS RECÉM-CASADOS E NAMORADOS

Originalmente publicado em inglês sob o título *Starting Out Together*. Copyright © 1997 por H. Norman Wright. Publicado por Gospel Ligth Publications, Ventura, CA, EUA.
Edição portuguesa:
© 2005 Editora Hagnos Ltda.

2ª edição: novembro de 2005
6ª reimpressão: dezembro de 2023

TRADUÇÃO
Rubens Castilho

REVISÃO
Liege M. S. Marucci
Noemi L. L. Ferreira
Letras Reformadas

CAPA
Claudio Souto

DIAGRAMAÇÃO
B. J. Carvalho

EDITOR
Aldo Menezes

COORDENADOR DE PRODUÇÃO
Mauro Terrengui

IMPRESSÃO E ACABAMENTO
Imprensa da Fé

As opiniões, as interpretações e os conceitos emitidos nesta obra são de responsabilidade dos autor e não refletem necessariamente o ponto de vista da Hagnos.

Todos os direitos desta edição reservados à
EDITORA HAGNOS LTDA.
Rua Geraldo Flausino Gomes, 42, conj. 41
CEP 04575-060 — São Paulo, SP
Tel.: (11) 5990-3308

E-mail: hagnos@hagnos.com.br
Home page: www.hagnos.com.br

Editora associada à:

Dados Internacionais de Catalogação na Publicação (CIP)
Angélica Ilacqua CRB-8/7057

Wright, Norman H.

Começando juntos: um devocional para casais recém-cadados e namorados / Norman H. Wright; tradução de Rubens Castilho. 2 ed. — São Paulo: Hagnos, 2005.

Título original: Starting Out Together.

ISBN 85-243-0037-X

1. Casais: Livro de oração e devoção
2. Devoções diárias
3. Casamento: aspectos religiosos; cristianismo
I. Wright, Norman H.
II. Título

05-0919   CDD 242.844

Índices para catálogo sistemático:
1. Casais: Livro de oração e devoção   242.844

Sumário

Introdução – 9
Os compromissos do casamento – 11
A vulnerabilidade no casamento – 15
Elementos úteis para o seu casamento – 17
Amizade no amor – 21
Submissão no casamento – 23
Algumas reflexões sobre o casamento – 25
Ouvir o que o outro tem a dizer – 27
Uma oração para seu casamento – 29
É necessário caráter – 31
Como lidar com a frustração no casamento – 35
O perdão no casamento – 39
Como orar no casamento – 43
Desejam intimidade no casamento? – 47
As dimensões da intimidade – 51
Como desenvolver a intimidade espiritual – 53
Consolidem seu casamento sobre pontos positivos – 57

Criem uma visão para seu casamento – 61

Não deixem a crítica invadir seu casamento – 65

O amor incondicional no casamento – 69

Você tem características exclusivas –
seu futuro cônjuge também – 73

Quem dará as ordens? – 75

O dom de ouvir – 79

Orientações para a comunicação – 83

O romantismo no casamento – 87

Quando a raiva chega – 91

Você pode mudar seu cônjuge? – 95

Você está casando com um alienígena? – 99

Você está casando com a pessoa certa? – 103

Seu cônjuge é uma dádiva – 107

Vivam sua sexualidade – 111

A Palavra de Deus e o sexo – 115

Transmitam entusiasmo um ao outro – 119

Busquem coragem em Deus – 123

Quem é o responsável? – 127

O que vocês colecionarão? – 131

Como orar por seu casamento – 135

Evitem "garantias" em seu casamento – 139

Respeitem-se mutuamente – 143

Um Deus imutável – 147

À imagem de Deus – 151

Qual a idéia que vocês têm de Deus? – 155

O que é perdão? – 157

Corpos perfeitos? Algum dia... – 161

O tempo – 163

Você foi a pessoa escolhida – 167

Você está casando com um filho adotivo – 171

O casamento não é destinado a vítimas – 175

As recordações e o casamento – 179

Deixem que a Palavra de Deus governe seu casamento – 181

Renovem seu casamento – 185

O que vocês abandonarão em prol do casamento? – 189

Ver como Deus vê – 193

Deixar e unir – 195

O dinheiro e o casamento – maldição ou bênção? – 197

Quando chegarem os tempos difíceis – 201

O caminho da comunicação – 205

Vocês podem tomar uma atitude – 209

É possível mudar – 213

Não sofram por insignificâncias – 217

Uma bênção para o casamento – 221

Introdução

Casamento – a suprema maravilha. É bastante provável, e assim espero, que vocês estejam muito empolgados nesse momento de sua vida. Vocês estão prestes a embarcar em uma das maiores e mais longas jornadas da vida. Estou certo de que ambos acalentam sonhos para a vida conjugal. Todos os casais acalentam sonhos. Alguns serão realizados, outros não. Isso faz parte da jornada.

Durante os últimos 40 anos em que venho orientando casais, tenho ouvido inúmeras vezes esta pergunta: "Que conselhos você nos daria para que o nosso casamento venha a ser aquele com o qual sonhamos?" Minha resposta é simples: "Fundamentem seu casamento em Jesus Cristo e desenvolvam uma profunda intimidade espiritual no relacionamento entre vocês dois".

Circunscrição espiritual. Intimidade espiritual. Proximidade espiritual. Esse é o alicerce para a vida a dois. Qual é o grau de proximidade espiritual entre vocês, neste momento? Já aprenderam a orar juntos? Já discutiram em profundidade suas convicções religiosas? Já aprenderam a compartilhar e a colocar em prática a Palavra de Deus em seu relacionamento?

É possível crescer juntos espiritualmente, mesmo antes do casamento. É disso que trata este livro. Dediquem alguns minutos por dia a fim de ler, um para o outro, em voz alta, um texto selecionado previamente. Reflitam sobre o que leram e discutam o texto em conjunto. Vocês ficarão maravilhados com os resultados.

É provável que completem a leitura deste livro antes do casamento; isso será ótimo. Será o início de uma jornada espiritual em conjunto. Desejo incentivá-los a dar prosseguimento a essa prática após o casamento.

Que Deus possa guiá-los e abençoá-los, à medida que vocês procuram crescer juntos e com Ele.

H. Norman Wright

Os compromissos do casamento

*Entrega o teu caminho ao Senhor,
confia nele, e o mais ele fará.
Salmos 37.5*

Casamento: – uma vida inteira de recordações.
À medida que o casamento se aproxima, vocês já começam a ingressar numa vida em que acumularão inúmeras recordações. Daqui a alguns anos, ficarão surpresos por ter tantas histórias para contar. O importante não é apenas a quantidade de lembranças, mas a qualidade delas. E o que fará a diferença na qualidade das lembranças que estarão reunindo? Uma única palavra: compromisso.

"Compromisso" é uma simples palavra de onze letras, mas é de grande valor. Pode trazer paz, maturidade e estabilidade, como também pode, ao mesmo tempo, trazer tensão e, algumas vezes, problemas.

No século 19, o governo do Havaí estabeleceu um programa para cuidar de pessoas leprosas. Elas eram enviadas para a ilha de Molokai a fim de passar o restante de seus dias em isolamento. O programa tinha por lema: longe dos olhos, longe do coração. Os leprosos, no entanto, tinham a permissão de ser acompanhados por um *Kokua* – pessoa que se dispunha a ir junto e permanecer ao lado de um leproso até o dia em que ele morresse. Se o Kokua não contraísse a doença, poderia retornar para casa. Se, contudo, o Kokua contraísse a lepra, deveria permanecer em Molokai até morrer.

Em seu livro *Havaí*, James Michener relata a história de um homem que sentiu um adormecimento nos dedos dos pés e das mãos. Com o passar do tempo, percebeu a causa do problema. Certa noite, após o jantar, o homem contou à mulher e aos filhos que estava leproso. A esposa olhou para o marido e disse: "Serei sua Kokua." É essa a essência do compromisso conjugal.

Quais os compromissos que devem ser assumidos no casamento?

Ao caminhar juntos pela vida, que traz mudanças rápidas e inesperadas, injustiças, tragédias e questões não respondidas, o compromisso de viver pela fé os guiará na jornada.

Comprometam-se com Jesus Cristo, o Filho de Deus. Façam isso juntos, como uma decisão diária.

Comprometam-se com a Palavra de Deus, que traz estabilidade e paz. Leiam a Palavra juntos todos os dias.

Comprometam-se individualmente a considerar o cônjuge merecedor, valoroso e digno, porque Deus enviou seu Filho para morrer por ele. Lembrem-se disso diariamente.

Comprometam-se a orar juntos. Não pode haver momento de maior intimidade do que ao abrir juntos o coração para Deus. Esse procedimento intensificará a integração e a unidade entre vocês e também os ajudará a analisar suas diferenças e conciliações sob uma perspectiva mais apropriada. Quando os canais estiverem abertos para Deus, conseqüentemente estarão abertos entre vocês. Ninguém pode estar sinceramente aberto para Deus e fechado para o cônjuge.

Comprometam suas vidas dando prioridade máxima ao casamento em termos de tempo, energia, atenção e planejamento para crescer juntos.

Comprometam-se isoladamente a viver uma vida de fidelidade e lealdade, independentemente de seus sentimentos ou de tentações.

Comprometam-se a aceitar a obra do Espírito Santo na vida de cada um.

"Mas o fruto do Espírito é: amor, alegria, paz, longanimidade, benignidade, bondade, fidelidade, mansidão, domínio próprio" (Gálatas 5.22, 23).

Fé, esperança e amor brotarão do compromisso que vocês têm entre si e para com Deus e sua Palavra.

Sigam esses conselhos e comecem a colecionar boas recordações.[1]

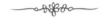

---

1. H. Norman Wright, *Quiet Times for Parents*. Eugene, OR: Harvest House Publishers, 1995, 2 de setembro, adaptado.

A vulnerabilidade no casamento

Disse mais o Senhor Deus: Não é bom que o homem esteja só: far-lhe-ei uma auxiliadora que lhe seja idônea.
Gênesis 2.18

A primeira coisa que Deus disse "não ser bom" era estar só. Não fomos criados para viver isolados, porque a dor da solidão é insuportável. A solidão acarreta uma das maiores fontes de sofrimento na vida. A opção do casamento é uma decisão que se toma para não viver em isolamento ou solidão. No entanto, algumas pessoas casadas vivem em solidão. Essa solidão é opressiva. É importante que as pessoas estejam preparadas para se unir, se relacionar e não ter medo de mostrar sua vulnerabilidade. Aceitem o fato de que a franqueza traz um risco – o de ser magoado.

Há, também, risco de ser mal interpretado – mas, se isso acontecer, o problema pode ser resolvido. Há o risco de não ser aceito – talvez sim, talvez não. Há o risco de ser motivo de riso – é verdade, mas a outra pessoa geralmente ri *com* você. Há o risco de ter de enfrentar quem você realmente é – até aí tudo bem, mas é melhor enfrentar isso antes do casamento para não surpreender o cônjuge com suas inseguranças.

Ao abrir a porta de seu coração e de sua mente para revelar ao futuro cônjuge quem você é realmente, e talvez contar-lhe algo que nunca revelou antes, terá tomado um passo para impedir que a solidão penetre em seu casamento. Depois que cada um falar com franqueza desses assuntos, tratem o que ouviram como algo especial e delicado.

Se vocês não se arriscarem, a alternativa será viver com medo e escondendo-se. Não fomos chamados para viver esse tipo de vida, principalmente no casamento. Lembram-se de Adão? Tentou esconder-se de Deus. Não deu certo. Tampouco a fuga funciona no casamento.

Ser vulnerável e sincero com o cônjuge traz muita alegria, muitas esperanças, muita satisfação e felicidade, muito riso, muito conforto emocional, muito apoio e uma vida repleta de realizações. Por que alguém desprezaria tudo isso?

Ser vulnerável e sincero é como seguir uma trilha dentro de uma gruta estreita e escura e, por fim, descobrir uma caverna intensamente iluminada com uma arca de tesouro no centro. À medida que retiramos um objeto, descobrimos algo novo. A arca nunca se esvaziará.

Assim deve ser o casamento. Um fluxo de constantes descobertas que aperfeiçoará você, seu futuro cônjuge e seu relacionamento – e isso deve começar em cada um de vocês. Nunca escondam nada – revelem tudo. Afinal de contas, não foi isso o que Deus fez quando os alcançou com sua salvação em Cristo?

Elementos úteis para o seu casamento

*O caminho para a vida é de quem guarda o ensino,
mas o que abandona a repreensão anda errado.*
Provérbios 10.17

O princípio da sabedoria é: Adquire a sabedoria.
Provérbios 4.7

As experiências relatadas a seguir, escolhidas ao acaso, foram vividas durante mais de 35 anos de vida conjugal e colhidas durante 30 anos de aconselhamento a casais. Espero que aprendam esses princípios desde já e não futuramente, por meio de experiências desagradáveis, para que sua jornada a dois seja mais tranqüila e mais feliz.

Após o casamento, cada um assumirá papéis diferentes. Em certas ocasiões, será o de professor para o cônjuge, transmitindo as informações e as experiências de que ele carece. Lembre-se de que o professor sábio não força nem está sempre doutrinando, mas leva o aluno a descobrir as coisas por conta própria, o que aumenta o desejo de aprender. Em outras ocasiões, assumirá o papel de aluno, e sua vida será engrandecida por tudo aquilo que aprendeu do cônjuge. Lembre-se de que o verdadeiro aluno é o que está disposto a analisar pontos de vista diferentes, que não oferece resistência e que admite sua necessidade de aprender. Façam isso e observem como seu casamento evoluirá!

Vivemos em uma sociedade competitiva. Às vezes isso é mesmo necessário. Mas nunca devem competir um com o outro. Não há lugar para competições no casamento. Haverá momentos em que as opiniões serão divergentes. Isso é normal e saudável, porém não é necessário haver disputas. Quando surgirem diferenças de opinião em seu casamento, a meta de ambos deverá ser a de reconciliação, não a de acusação. Extraiam lições após cada divergência, para que sejam resolvidas e nunca mais repetidas.

Um dos cônjuges acabará dizendo ou fazendo coisas que aborrecerão o outro. Sempre que isso acontecer, diga ao seu futuro cônjuge o que gostaria que ele fizesse, evitando concentrar-se no que você não gosta. Com isso, da próxima vez, ele procurará fazer o que você aprecia.

Vocês se lembram como se apaixonaram? Conversavam, ouviam e agiam com amor. Continuarão apaixonados e vão fazer as mesmas coisas, só que com muito mais freqüência e intensidade do que antes. Não permitam que seu amor seja diminuído ou sufocado.

Sejam sempre prestativos e leais um ao outro. Coloquem em prática o que está escrito em 1 Coríntios 13.6, 7: "[O amor] não se alegra com a injustiça, mas regozija-se com a verdade; tudo sofre, tudo crê, tudo espera, tudo suporta." Procurem sempre enxergar virtudes no cônjuge.

Quando surgirem conflitos, não os evitem. Se isso acontecer, estarão enterrando o problema, e enterrando-o vivo. Posteriormente, ele ressuscitará e vocês terão de enfrentá-lo. Se desejam livrar-se dos conflitos, devem encará-los, conversar sobre eles e descobrir maneiras criativas de resolvê-los. Aprendam com os conflitos. Façam deles experiências positivas.

Um abraço ou um carinho sem dizer nada é um ato de amor que transmite a seguinte mensagem: "Você é especial", "Eu amo você", "Eu o entendo". É um ato diário, semelhante à mensagem do amor de Deus para conosco: é constante.[1]

---

1. H. Norman Wright, *Quiet Times for Parents.* Eugene, OR.: Harvest House Publishers, 1995, 2 de novembro, adaptado.

Amizade
no amor

*O seu falar é muitíssimo doce; sim, ele é totalmente desejável.
Tal é o meu amado, tal o meu esposo, ó filhas de Jerusalém.
Cantares 5.16*

O casamento inclui o amor em várias dimensões. Uma das mais importantes é a amizade. O que significa amizade no amor? É uma dedicação desinteressada visando à felicidade do cônjuge. É sentir que uma de suas prioridades é preencher as necessidades do cônjuge. É aprender a gostar do que ele gosta, não apenas convencê-lo de que você é a pessoa ideal para ele, *mas alegrar-se e compartilhar essa alegria em conjunto.*

Amizade no amor significa a capacidade de apreciar juntos alguns aspectos da vida e também ficar à vontade em relação aos seus interesses individuais. Você não se ressente da alegria de seu cônjuge, mesmo porque isso é a última coisa que desejaria fazer! Incentivem-se mutuamente quando o objetivo de um não for o mesmo do outro. É importante encontrar o equilíbrio entre "viver juntos" e "manter a individualidade".

Demonstre disposição para participar das atividades que seu cônjuge aprecia, mas sempre tendo em mente que tem a liberdade de gostar delas ou não e de continuar a participar delas ou não.

Se quiser que o cônjuge aprenda a gostar de sua atividade preferida, talvez seja melhor reduzir, no início, o tempo e a intensidade de seu envolvimento com ela. Isso deixará a pessoa mais à vontade para experimentá-la. Afinal de contas, é difícil para um amador acompanhar o ritmo de um profissional!

A amizade no amor também envolve certa dose de intimidade, que inclui franqueza, vulnerabilidade e vínculo emocional. Compartilhem seus objetivos, planos e sonhos e trabalhem para realizá-los. Nunca se transformem em estranhos para o cônjuge, em qualquer situação da vida.

Lembrem-se: os casamentos duradouros são aqueles em que marido e mulher são amigos. À medida que essa amizade for se intensificando com o passar dos anos, descobrirão que escolheram um ao outro porque gostam de estar juntos.

Pratiquem sempre a amizade no amor. A amizade faz parte do plano de Deus para o casamento e deve incluir um voto de confiança. Não sejam egoisticamente competitivos, mas desejem o melhor um para o outro. Cada um deve compartilhar a felicidade com o outro e sentir a mesma alegria que o cônjuge sente.

Um amigo não aprova automaticamente tudo o que fazemos ou dizemos, e isso está certo. Os amigos verdadeiros não tentam controlar um ao outro porque se respeitam mutuamente. Os amigos tentam compreender as preferências da outra pessoa. Aprendem a dizer: "O que você acha?" e "O que você quer fazer?". Para ser amigo, é necessário mudar velhos hábitos e convicções; isso também está certo. A amizade faz com que você se torne uma pessoa mais equilibrada e madura. Deus usará seu cônjuge para reformular você. Aprenda a apreciar essas transformações positivas; elas beneficiarão a ambos[1].

---

1. H. Norman Wright, *Quiet Times for Parents.* Eugene, OR: Harvest House Publishers, 1995, 22 de outubro, adaptado.

Submissão
no casamento

...sujeitando-vos uns aos outros no temor de Cristo.
Efésios 5.21

O casamento envolve um ato de renúncia. Em linhas gerais, significa que ninguém pode impor seu estilo de vida no casamento. Não vai mais pensar isoladamente. A palavra "eu" é substituída por "nós". Não pode mais agir, reagir, planejar nem participar de qualquer atividade como uma pessoa solteira. Cada faceta de sua vida será compartilhada, desde as gavetas do guarda-roupa, o quarto e o banheiro, até o modo como você gasta seu dinheiro e planeja como passar as férias. A regra, agora, é "viver a dois", e isso implica tornar a vida mais simples para seu cônjuge, em vez de criar mais problemas. Agora, deverão assumir o papel de servos. Cristo ordena que sirvam a Ele e que sirvam também um ao outro.

Na vida conjugal, a submissão é um ato de amor, uma dádiva para o cônjuge, com a finalidade de tornar a vida dele mais agradável. É um ato de força e não de fraqueza. É uma ação positiva escolhida para mostrar a reciprocidade do seu amor. Quando o apóstolo Paulo disse: "sujeitando-vos uns aos outros", ele não limitou o papel de servo apenas à mulher. A regra aplica-se ao marido e à mulher.

O servo também pode ser chamado de "facilitador", palavra que, no bom sentido, significa "aquele que facilitar as coisas". Você deverá facilitar a vida de seu cônjuge, em vez de impor-lhe restrições.

O servo também é alguém que edifica outra pessoa.

No Novo Testamento, edificar alguém quase sempre significa aperfeiçoar a vida espiritual de outra pessoa. Vocês sabem como deverão fazer isso no decorrer de sua vida conjugal? Gravem os versículos abaixo em seu coração e coloquem-nos em prática todos os dias:

> Assim, pois, seguimos as coisas da paz e também as da edificação de uns para com os outros (Romanos 14.19).

> Portanto, cada um de nós agrade ao próximo no que é bom para edificação (Romanos 15.2).

> Consolai-vos, pois, uns aos outros e edificai-vos reciprocamente, como também estais fazendo (1 Tessalonicenses 5.11).

O texto em 1 Coríntios 8.1 resume bem a questão que diz respeito ao aperfeiçoamento da vida espiritual de outra pessoa: "... o amor edifica".

A missão de vocês é esta: jamais destruir; não se contentar apenas em manter o relacionamneto; edificar sempre.

Se vocês seguirem esse conselho, não se arrependerão de ter abandonado a vida de solteiros. Pensem no que ganharam. Pode ser muito mais do que imaginaram!

Algumas reflexões sobre o casamento

A morte e a vida estão no poder da língua;
o que bem a utiliza come do seu fruto.
Provérbios 18.21

Como maçãs de ouro em salvas de prata,
assim é a palavra dita a seu tempo.
Provérbios 25.11

Enquanto aguardam o casamento, ponderem sobre as seguintes reflexões a respeito dessa jornada, escritas sabiamente por Richard Exley.

Casar é maravilhoso e, ao mesmo tempo, assustador. O casamento pode ser realizado no céu, mas precisa ser sustentado na terra. Espero que vocês sempre pensem no cônjuge em primeiro lugar, antes de pensar nos outros.

Não se destruam mutuamente com palavras, principalmente em público. As palavras têm efeito poderoso; são capazes de destruir o amor antes que algumas rosas amenizem seu efeito. Procurem sempre agir da melhor forma em relação ao cônjuge. Nunca se despeçam sem um beijo ou "Eu amo você". Apenas três palavrinhas, mas de grande significado. Respeitem-se mutuamente para que as estrelas brilhem durante a noite. Mesmo estando no meio de uma multidão, demonstre sempre ao cônjuge que ele é a pessoa mais importante.

O romantismo é uma flor frágil, que não consegue sobreviver se for ignorado ou considerado eterno. Sem comprometimento e imaginação, começará a definhar e morrerá. Mas, para os que estão determinados a manter um casamento romântico, o melhor ainda está para acontecer.

Você faz o casamento. Abaixo de sua vida com Deus, esse deve ser o relacionamento mais importante. Se o casamento correr bem, superarão qualquer situação – dificuldade financeira, enfermidade, rejeição, tudo enfim. Se não correr bem, não haverá sucesso no mundo capaz de preencher o terrível vazio. Lembrem-se: nada, absolutamente nada, é mais importante que seu casamento; portanto, dediquem amor e consideração a ele durante todos os dias de sua vida.

Protejam-no contra todos os intrusos. Lembrem-se de seus votos. Vocês prometeram, perante Deus e suas famílias, renunciar a tudo e ser fiéis um ao outro. Nunca permitam que amigos, parentes, trabalho ou qualquer outra coisa se interponha entre vocês.

O casamento é constituído de tempo. Portanto, separem um tempo para estar juntos. Passem esses momentos demonstrando companheirismo. Ouçam com atenção e tentem compreender quando um abrir o coração para o outro. Tenham momentos de alegria – sorriam e brinquem juntos. Passeiem e participem juntos dos acontecimentos. Dediquem tempo em adoração a Deus – orem juntos. Demonstrem afeto – abracem-se – sejam carinhosos.[1]

De que maneira vocês se lembrarão de tudo isso depois de casados? É algo a ser pensado agora.

---

1. Richard Exley, *Straight from the Heart for Couples*. Tulsa, OK: Honor Books, 1993, p. 21, 22, 57, 69, 72.

Ouvir o que o outro tem a dizer

Responder antes de ouvir é estultícia e vergonha.
Provérbios 18.13

Enquanto aguardam o dia do casamento e a vida que terão pela frente, não se esqueçam de um ingrediente que necessitará de atenção constante para que sua vida conjugal seja bem-sucedida. Penso que já sabem qual é: a comunicação. Talvez vocês imaginem que estão se comunicando desde já. E estão, até certo ponto; porém, um ainda não aprendeu a falar a linguagem do outro. De alguma forma, cada um de vocês ainda é um pouco desconhecido para o outro. Aprendam a utilizar o estilo de pensar e de falar do cônjuge quando ambos estiverem realizando algo em conjunto. Com isso, será mais fácil de se entenderem e de se aproximarem um do outro.

Lembrem-se de que a comunicação não se restringe apenas a conversas, mas inclui também o silêncio, um olhar doce, um carinho.

Descubram a melhor hora do dia para comunicar-se e dedicar atenção especial um ao outro. Separem um pouco de tempo todos os dias para se sentar lado a lado, dar as mãos e compartilhar emoções e sentimentos profundos. Transformem os quatro primeiros minutos em que vocês se encontrem, no final de um dia de trabalho, em uma ocasião de interação positiva por meio de carinho e de conversa.

Façam mais do que conversar; ouçam, também. Ouçam com a mente, com o coração, com os ouvidos e com os olhos. Lembrem-se de que a linguagem silenciosa é capaz de dizer muito mais do que as palavras. Às vezes, a forma de ouvir não é a mesma, principalmente entre um homem e uma mulher. Quando estiverem ouvindo, pratiquem os princípios da Palavra de Deus. "Amo o Senhor, porque ele ouve a minha voz e as minhas súplicas. Porque inclinou para mim os seus ouvidos, invocá-lo-ei enquanto eu viver" (Salmos 116.1, 2).

A verdadeira arte de ouvir exige atenção total, sem distrações e sem deixar a mente formular o que dirá assim que o outro terminar de falar. Uma das maiores dádivas que você tem a oferecer a alguém é ouvir. Discussões acaloradas transformam-se em diálogos entre surdos. "Todo homem, pois, seja pronto para ouvir..." (Tiago 1.19). Pergunte ao seu cônjuge qual é a melhor hora do dia para vocês conversarem.

Reflitam sobre as seguintes palavras que alguém escreveu anos atrás (autor desconhecido):

"Quando lhe peço que me ouça e você passa a me dar conselhos, não fez o que lhe pedi.

"Quando lhe peço que me ouça e você me diz que eu não deveria estar me sentindo assim, está atropelando meus sentimentos. Quando lhe peço que me ouça e você imagina que precisa fazer algo para resolver meus problemas, faz-me fracassar, por mais estranho que isso pareça.

"Portanto, por favor, ouça-me por alguns minutos, e quando chegar a sua vez, prometo ouvir sem interrupções".

Acima de tudo, lembrem-se daquele que nunca se cansa de ouvi-los!

Uma oração para seu casamento

E ainda que eu distribua todos os meus bens entre os pobres e ainda que entregue o meu próprio corpo para ser queimado, se não tiver amor, nada disso me aproveitará.
1 Coríntios 13.3

Quando se casarem, precisarão levar consigo recursos que os ajudem a completar a jornada. Tais recursos devem conceder-lhes perseverança e força constante para prosseguir. O trecho abaixo, em forma de oração, será um recurso valioso. Leiam e analisem cada parte. Conversem sobre o significado de frase por frase e sobre como vocês poderão por em prática essas orientações na vida conjugal.

> Senhor, cremos que instituíste o casamento e que também o sustentas.
> Ajuda-nos a exercitar a fé.
> Fé em que respondes às orações e curas os corações feridos.
> Fé em que perdoas e restauras.
> Fé em que tua mão de amor manterá nossas mãos unidas.
> Fé em que constróis pontes de reconciliação.
> Fé em que todas as coisas acontecem para o bem daqueles que te amam.

Ajuda-nos a manter a esperança.
Esperança que nos possibilite suportar tempos de aflição e provações.
Esperança que leve nosso olhar a se fixar nas possibilidades e não nos problemas.
Esperança que nos leve a focalizar a estrada à nossa frente, em vez de olhar para o que já passou.
Esperança que instile confiança, mesmo diante de um fracasso.
Esperança que fomente felicidade.

Ajuda-nos a exaltar o amor.
Amor que não vacile nem enfraqueça quando soprarem os ventos da adversidade.
Amor que seja determinado a crescer e a produzir frutos.
Amor que seja lento em se irar e rápido em exaltar o próximo.
Amor que vise maneiras de dizer: "Eu me preocupo com você."
Amor que não se abale diante dos terremotos da vida.

Senhor, que tuas dádivas de fé, esperança e amor tomem conta de nosso coração. Nós te agradecemos a permanência dessas três dádivas em nossa vida – a maior delas é o amor. Faze de nosso lar um posto avançado para teu reino e um oásis para os peregrinos errantes. Em nome de Jesus, que abençoou o casamento em Caná por meio de um milagre. Amém.[1]

---

1. Reproduzido de *Forty Ways to Say I Love You*, de James R. Bjorge. Minneapolis, MN: Augsburg Publishing House, 1978, p. 91-92. Reprodução permitida por Augsburg Press.

É necessário caráter

... e a perseverança [produz] experiência;
e a experiência, esperança.
Romanos 5.4

O casamento necessita de muitas qualidades morais da parte de vocês para ser bem-sucedido. Uma dessas qualidades é o caráter. Algumas pessoas simulam ter bom caráter; outras, porém *têm* caráter. Ter caráter é uma qualidade essencial. Talvez a palavra caráter não soe tão romântica nem tão divertida quanto as demais qualidades. Porém, sua força sustentará a estrutura de seu casamento. Vocês sabem o que dicionário diz a respeito de caráter? Ele o descreve como traços peculiares, qualidade ou atributo, força moral, autodisciplina, firmeza.[1]

O caráter não é mutável. É preciso perseverar nas horas difíceis e ser constantemente dignos de confiança, sem esmorecer. Não devemos ser este tipo de pessoa que Tiago descreve "homem de ânimo dobre, inconstante em todos os seus caminhos" (Tiago 1.8).

Quando a vida conjugal enfrenta horas difíceis e se torna abalada, o homem ou a mulher de caráter permanece firme. A pessoa não pensa na possibilidade de fugir da situação. Aqueles que têm caráter levam muito a sério as promessas feitas no dia do casamento. A pessoa de caráter crê, de todo o coração, em todas as palavras das promessas que proferiu. A pessoa de caráter nunca diz: "Eu não sabia o que estava fazendo", ou "Não foi bem isso o que eu quis dizer", ou ainda "Mudei de idéia". A pessoa de caráter acredita que uma promessa é uma promessa, e que um compromisso é um compromisso. O salmo 15 descreve as qualidades de um homem abençoado por Deus, e uma delas é: "o [homem] que jura com dano próprio e não se retrata" (versículo 4).

Vocês talvez não conheçam exatamente o verdadeiro significado dessas promessas quando forem proferidas: "Na saúde e na doença, na riqueza e na pobreza", mas virão a compreendê-las. A certa altura de seu casamento, vocês as compreenderão. A força de seu caráter fará com que mantenham essas promessas. O casamento não é algo que possam experimentar para ver se gostam ou não. O casamento não tem porta de saída, garantia de retorno e nem cláusula de escape *quando* um dos cônjuges vier a descobrir os defeitos do outro. Não deve ser tratado como um "casamento provisório", como se fosse a compra de uma "casa provisória" que logo será trocada por outra mais moderna. No casamento, é possível apenas adicionar elementos à casa e melhorar seu aspecto.

O casamento não foi feito para pessoas muito independentes ou que gostam de viver isoladas nem para pessoas controladoras, irresponsáveis ou imaturas. Palavras duras, não? Mas é isso mesmo. O casamento é muito sério, muito sagrado para ser levado na brincadeira. Deus não instituiu o casamento para aqueles que não sabem fazer uso do tempo, que não chegam em casa na hora prometida, que não informam ao cônjuge que estão atrasados, que se esquecem de datas importantes, como aniversários de casamento e de nascimento, e que não conversam com o cônjuge a respeito de suas idéias ou planos. Deus criou o casamento para os que têm caráter. Para vocês, não é verdade?

---

1. *Webster's New World Dictionary*, terceira edição. New York: Prentice Hall, 1995, p. 235. (Nota do tradutor: O dicionário *Aurélio* descreve caráter como "qualidade inerente a uma pessoa; conjunto dos traços particulares; o modo de ser de um indivíduo; índole, natureza, temperamento".)

Como lidar com a frustração no casamento

*O longânimo é grande em entendimento,
mas o de ânimo precipitado exalta a loucura.*
Provérbios 14.29

Bem-vindos ao mundo da frustração – o casamento. É provável que já tenham sentido alguma frustração; mas esperem até começarem a planejar os detalhes do casamento. Bem, então, vocês poderão relaxar... Será? Assim que se casarem, as frustrações serão mais freqüentes do que imaginam; e algumas se transformarão em raiva.

Quais são as causas da frustração? Uma delas é a expectativa. Todos nós temos expectativas. Porém, alguns têm mais do que outros. Você tem expectativas para si mesmo, para seus amigos, para o futuro cônjuge e para o casamento. Um problema: muitas expectativas não são externadas. Quando isso acontece, podem transformar-se em exigências.

Você não deve esperar que o cônjuge leia seus pensamentos e "conheça" suas expectativas nem que o cônjuge seja exatamente como um pai ou uma mãe muito queridos ou completamente diferente deles. Talvez você espere que seu cônjuge supra tudo aquilo que não teve quando criança. Essa atitude gera pressão sobre o cônjuge, resultando em apenas uma coisa: frustração.

Outra causa de frustração é acreditar no princípio da geração *baby boomers* (os nascidos imediatamente após a Segunda Guerra Mundial): exija seus "direitos". Significa que, se quiser alguma coisa, a outra pessoa não pode recusar. Isso confunde vontade com obrigação. Lamentavelmente, esse princípio obriga um dos cônjuges a abrir mão da sua vontade própria para atender o outro. Trata-se de outra forma de exigência. É uma atitude que demonstra pouca dedicação ou preocupação. O que acontecerá caso seu futuro cônjuge adote essa mesma atitude no casamento? O resultado será afastamento, conflito, luta pelo poder e frustração. Uma atitude como essa está condenada ao fracasso; além de não funcionar, contraria os ensinamentos das Escrituras.

Outro motivo de frustração no casamento é acreditar que a vida deve ser baseada em justiça, ou seja, a vida conjugal deve ser justa, e meu cônjuge deve ser justo de acordo com meu padrão de justiça.

Quem determina o que é justo? Quem disse que a vida é justa? Se você quiser ser uma pessoa frustrada, acredite nisso. Em breve, você o será! Tenha em mente que a frustração não pára por aí; ela se transforma em raiva. Às vezes, você fica com raiva porque deseja um relacionamento melhor e mais íntimo com o cônjuge. Até aí, tudo bem. Mas lembre-se: reagir com frustração e raiva não aproximará vocês de seu cônjuge, mas, ao contrário, criará uma distância ainda maior. Afinal de contas, quem desejaria aproximar-se de uma pessoa frustrada e com raiva?

O que fazer para manter a frustração distante de seu casamento? Identifique suas expectativas, analise-as e discuta-as. Evite exigir "direitos". Quem desejaria continuar a acreditar num princípio que está condenado ao fracasso? Faça o mesmo com a crença de que a vida deve ser justa.

Grave em sua mente os ensinamentos da Palavra de Deus. Ele preservou as Escrituras durante séculos por um motivo principal: seus ensinamentos para a vida são os melhores que existem porque funcionam.

Leia as duas verdades fundamentais do livro de Provérbios mencionadas abaixo. Memorize-as, coloque-as em prática e veja suas frustrações desaparecerem:

> O longânimo é grande em entendimento, mas o de ânimo precipitado exalta a loucura (4.29).

> Melhor é o longânimo do que o herói da guerra, e o que domina o seu espírito, do que o que toma uma cidade (6.32).

O perdão no casamento

*O que encobre a transgressão adquire amor,
mas o que traz o assunto à baila separa os maiores amigos.
Provérbios 17.9*

Após o casamento, chegará o dia em que vocês precisarão praticar um dos fundamentos da graça de Deus para todos nós: o perdão. Gostaria de ser honesto com vocês: haverá dias em que um de vocês achará que o outro não merece perdão. E terá toda razão – não é novidade. Nenhum de nós merece o perdão que recebe.

Às vezes, vocês terão dificuldade em perdoar a pessoa com quem estão prestes a se casar. Talvez haja a preocupação de que, ao perdoar o futuro cônjuge, ele se sinta livre para proceder da mesma forma novamente. Isso é um risco a ser assumido. A outra opção será ressentimento e represália.

E quanto ao ressentimento e a represália? Um coração ressentido funciona como uma agência de cobrança, fazendo com que a pessoa esteja sempre pagando por aquilo que acreditamos que tenha feito. Quase sempre cobramos juros tão altos que, por mais que a outra pessoa tente saldar a dívida, estará sempre em débito. O ressentimento atinge as duas partes; magoa o ofensor e o ofendido. O prejuízo maior, contudo, recai sobre o casamento.

No casamento, sempre haverá decepções, mágoas e necessidades e expectativas frustradas. Afinal de contas, você estará se casando com uma pessoa imperfeita – e, seu futuro cônjuge também! Em vez de perdoar os erros do cônjuge, a parte ressentida diz: "Você me magoou! Você vai ver! Vai me pagar! Vou me vingar!". Mas você nunca poderá se vingar.[1]

Perdoar é dolorido. É raro porque é difícil. O perdão mexe com o amor e com o orgulho. Envolve sofrimento. Porém, isso tende a diminuir com o tempo. O perdão é difícil porque quando você perdoa está dizendo ao outro: "Não precisa me pagar pelo que fez". Na verdade, está liberando a pessoa e dando um passo em direção ao amor, em vez de fomentar ressentimentos. Significa que não permitirá que a outra pessoa pague por aquilo que fez.

Quando você perdoa realmente o cônjuge, não sente necessidade de discutir novamente o problema, não acredita que ele volte a acontecer e nem dá mais importância ao assunto!

Um casamento amadurecido é aquele no qual existe perdão. Não se esqueçam de proferir as frases: "Você me perdoa?" e "Eu perdôo você". Vocês sabem o que é necessário para perdoar um ao outro – qualquer pessoa que conheça Jesus como Salvador recebeu esse dom. Foram amados, aceitos e perdoados por Deus. Portanto, o dom que Ele lhes concedeu é para ser usado com outras pessoas.

Se você quiser saber se perdoou realmente seu cônjuge, tenha isto em mente: você o perdoou se, dentro de seu coração, deseja o bem dele e está pronto a pedir as bênçãos de Deus sobre ele.

Nosso maior exemplo de perdão é a cruz de Jesus Cristo. Deus escolheu a cruz como forma de reconciliação.

> Porquanto para isto mesmo fostes chamados, pois que também Cristo sofreu em vosso lugar, deixando-vos exemplo para seguirdes os seus passos (1 Pedro 2.21).

...carregando ele mesmo em seu corpo, sobre o madeiro, os nossos pecados... (1 Pedro 2.24).

Nós fomos chamados para perdoar da mesma forma que Deus nos perdoou.

Antes, sede uns para com os outros benignos, compassivos, perdoando-vos uns aos outros, como também Deus, em Cristo, vos perdoou (Efésios 4.32).

---

1. H. Norman Wright, *Quiet Times for Parents*. Eugene, OR: Harvest House Publishers, 1995, p. 104, adaptado.

Como orar no casamento

Também o Espírito, semelhantemente, nos assiste em nossa fraqueza; porque não sabemos orar como convém, mas o mesmo Espírito intercede por nós sobremaneira com gemidos inexprimíveis.
Romanos 8.26

Você já experimentou esta sensação ao orar?: "Não sei o que dizer quando oro. Às vezes faltam-me palavras."

Se já se sentiu assim, não é o único. Todos nós experimentamos isso às vezes.

> O Espírito também nos ajuda em nossas limitações do presente. Por exemplo, *não* sabemos orar como convém, mas seu Espírito dentro de nós está, de fato, orando em nosso favor naqueles anseios aflitivos que não podem ser expresso por palavras. Aquele que conhece os segredos do coração compreende a inteção do Espírito, que ora pelos que o amam, de acordo com a vontade de Deus (Romanos 8. 26,27; Cartas para hoje, de J. B. Phillips; ênfase do autor)

O Espírito Santo é a resposta de Deus quando não sabemos como orar. Você e eu não oramos como deveríamos. Quase sempre tropeçamos nas palavras. É aí que a obra do Espírito Santo realmente entra em ação. Ele nos ajuda em nossas orações, mostrando-nos o que devemos pedir e como devemos orar. É uma verdadeira promessa.

Uma das responsabilidades no casamento é ajudar o cônjuge quando é preciso. Devemos estar sempre atentos a um pedido de auxílio. Da mesma forma, há alguém cuidando de nós quando necessitamos de ajuda em nossas orações: o Espírito Santo. Ele nos ajuda de várias maneiras específicas.

Primeiro, *o Espírito age como intercessor* quando nos sentimos oprimidos ou abatidos pelos problemas da vida. Ele nos coloca em condição de orar. Passamos a orar imediatamente porque o Espírito Santo está agindo dentro de nosso coração.

Segundo, *o Espírito revela o que pedir a Deus.* Ele nos torna conscientes de nossas necessidades, falta de fé, temores, obrigação de sermos obedientes etc. Ele nos ajuda a identificar nossas necessidades espirituais e trazê-las à presença de Deus. Ele reduz nossos temores, aumenta nossa fé e fortalece nossa esperança. Se você está sem saber o que pedir por seu cônjuge ou o que pedir por ambos, peça a intercessão do Espírito Santo.

Terceiro, o *Espírito dirige nossos pensamentos* às promessas da Palavra de Deus que mais respondem às nossas necessidades. Ele nos ajuda a compreender a verdade contida nas promessas de Deus. O discernimento de que carecemos é suprido pelo Espírito Santo. Talvez você esteja à procura de um versículo bíblico que se adapte a seu casamento. O Espírito Santo está pronto a ajudá-lo.

Em último lugar, *o Espírito nos ajuda a orar de maneira correta.* Ele nos capacita a fazer um exame minucioso de nossas necessidades, ajustando-as à finalidade da oração.

Quando estamos passando por uma crise, é difícil conversar. Porém, o casal pode abraçar-se e deixar silenciosamente que o

Espírito Santo ore pelos dois. Isso se chama oração silenciosa do coração.

Quando sentirem dificuldade para orar, lembrem-se de que há alguém a quem recorrer para fortalecê-los em suas orações.[1]

---

1. H. Norman Wright, *The Secrets of a Lasting Marriage*. Ventura, CA: Regal Books, 1995, p. 162-63.

Desejam intimidade no casamento?

Disse mais o Senhor Deus: Não é bom que o homem esteja só: far-lhe-ei uma auxiliadora que lhe seja idônea.
Gênesis 2.18

Intimidade é a cola que une o casamento. Mas o que é intimidade? Não é apenas sexo – essa é apenas uma manifestação de intimidade. É possível fazer sexo sem intimidade. O dicionário pode nos ajudar:

> A *intimidade* sugere um relacionamento pessoal bastante intenso, uma proximidade emocional particular que inclui compreender e ser compreendido por uma pessoa muito especial. A intimidade também tem sido definida como um vínculo afetivo, cujos laços são compostos de zelo mútuo, responsabilidade, confiança, conversa franca sobre emoções e sentimentos e autêntico intercâmbio de informações a respeito de incidentes emocionais importantes. Intimidade significa assumir o risco de estar muito próximo a alguém e permitir que esse alguém ultrapasse suas barreiras pessoais.

Em certas ocasiões, a intimidade pode magoar. Ao baixar a guarda e tornar-se íntimos, revelam seu verdadeiro e secreto *eu* ao cônjuge, inclusive suas fraquezas e defeitos. Quando isso acontece, passam a ser vulneráveis e, possivelmente, ridículos aos olhos da outra pessoa.

O risco de sofrimento reside aí, mas a recompensa da intimidade ofusca sobremaneira o risco.

Embora a intimidade possa significar vulnerabilidade, também quer dizer segurança. A sinceridade, por vezes, é assustadora, mas a aceitação que o cônjuge demonstra diante da vulnerabilidade proporciona uma sensação maravilhosa de segurança. Os casais que têm intimidade sentem-se seguros e compreendidos – talvez expostos em demasia, mas profundamente compreendidos.

A intimidade pode ocorrer fora do casamento e sem o amor físico. As mulheres podem ser íntimas de suas amigas, e os homens íntimos de seus camaradas. A intimidade envolve interação particular e pessoal, compromisso e zelo. Podemos falar de intimidade entre amigos e intimidade entre marido e mulher.

A intimidade pode existir sem o casamento. Mas é impossível existir um casamento autêntico sem intimidade. Para dois corações que se amam, a intimidade é vital. Se você não sabe o que seu futuro cônjuge pensa e sente a respeito de vários assuntos ou questões, ele é, de alguma maneira, uma pessoa estranha para você. E dois corações que, em breve, serão unidos não devem ser estranhos.

É comum pensar que a intimidade acontece automaticamente entre marido e mulher. No entanto, tenho presenciado inúmeros "estranhos que são casados". Converso com muitos maridos e esposas que se sentem isolados e abandonados, mesmo após vários anos de casamento. Ouvi frases como estas:

- Compartilhamos a mesma casa, a mesma mesa e a mesma cama, mas agimos como dois estranhos.

Desejam intimidade no casamento?

- Vivemos juntos há vinte e três anos, e ainda não sei se conheço meu cônjuge mais do que quando nos casamos.
- O que realmente me magoa é que, mesmo passando um fim de semana juntos, sinto solidão. Casei com alguém que, de certa forma, teria preferido ser um eremita.

Não. A intimidade não acontece automaticamente.[1]

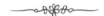

---

1. H. Norman Wright, *The Secrets of a Lasting Marriage*. Ventura, CA: Regal Books, 1995, p. 152.

As dimensões da intimidade

O seu falar é muitíssimo doce; sim, ele é totalmente desejável. Tal é o meu amado, tal, o meu esposo, ó filhas de Jerusalém.
Cantares 5.16

O que lhe vem à mente quando a palavra "intimidade" é proferida? Sexo? Acertou. Muitas pessoas pensam assim a respeito da intimidade. Contudo, existe mais de uma definição para intimidade.

Vários elementos estão envolvidos na geração de um relacionamento íntimo. Muitos relacionamentos possuem lacunas por um motivo ou outro. É possível estar próximos em duas ou três situações, mas distantes em outras. Se acham que têm um relacionamento próximo e íntimo, mas estão distantes em duas ou mesmo em uma situação, há trabalho a ser feito. Vamos considerar as várias dimensões, visto que todas estão relacionadas.

A intimidade *emocional* é o alicerce para o bom relacionamento entre um casal. Quando ela existe, há uma "sensação" de aconchego, um sentimento mútuo de zelo e de amparo vindo de alguém. Compartilham tudo na arena emocional, inclusive tristezas e alegrias. São compreensivos um com o outro e estão sempre atentos aos sentimentos um do outro.

A intimidade *social* envolve ter amigos em comum, em vez de conviver com amigos isoladamente. Ter amigos em comum para se divertir, conversar, orar e proporcionar auxílio mútuo é um reflexo dessa importante dimensão.

A intimidade *sexual* é assumida como conseqüência inequívoca no casamento. Muitos casais fazem sexo, mas carecem de intimidade sexual. Realizar o ato físico é uma coisa, mas falar sobre ele é diferente. A intimidade sexual gera prazer, mas também significa que vocês devem conversar a respeito, esforçar-se para satisfazer as necessidades do cônjuge e impedir que ela se transforme em rotina. Deve haver uma compreensão sobre as necessidades peculiares do homem e da mulher e flexibilidade em atendê-las.

Existe ainda a dimensão da intimidade *intelectual* – a troca de idéias e a tentativa de conhecer e de compreender o nível intelectual do cônjuge. Vocês diferem um do outro e amadureceram em função daquilo que compartilharam juntos.

A intimidade *recreativa* significa compartilhar e desfrutar os mesmos interesses e atividades. Gostam de jogar juntos, mas sem espírito competitivo. Gostam de divertir-se juntos, e isso os aproxima ainda mais.

Para haver intimidade *espiritual* entre um casal, é necessário que ambos compartilhem as mesmas doutrinas a respeito de quem é Jesus e os princípios básicos da fé cristã. Talvez tenham opiniões diferentes sobre a segunda vinda de Cristo ou sobre se todos os dons espirituais são destinados para o tempo presente ou não. Um de vocês talvez aprecie assistir a um culto numa igreja informal. Um é carismático; o outro, não. O essencial é que suas crenças sejam importantes para ambos. Fizeram delas algo pessoal e significativo para a vida de cada um. Ainda é possível haver intimidade espiritual dentro dessas diferenças.[1]

---

1. H. Norman Wright, *The Secrets of a Lasting Marriage*. Ventura, CA: Regal Books, 1995, p. 153, 156.

Como desenvolver a intimidade espiritual

... se aceitares as minhas palavras [...] para fazeres atento à sabedoria o teu ouvido e para inclinares o teu coração ao entendimento [...] então, entenderás o temor do Senhor e acharás o conhecimento de Deus.
Provérbios 2.1, 2, 5

Porque o Senhor dá a sabedoria, da sua boca vem a inteligência e o entendimento.
Provérbios 2.6

Alguns casais parecem ter a capacidade de desenvolver a intimidade espiritual, enquanto outros nunca conseguem obtê-la. Qual é a causa dessa diferença? A intimidade espiritual cresce num casamento relativamente estável. Quando os dois vivem baseados em confiança, honestidade, diálogo franco e segurança, estão mais propensos ao risco de ser vulneráveis espiritualmente. Ao conquistarem esta situação, estarão aumentando a estabilidade do casamento.

Sempre se ouve falar de casais desajustados quando um é cristão e o outro, não. Vocês também já devem ter ouvido falar de casais desajustados em que o marido e a mulher professam as mesmas crenças, mas um deseja crescer e está crescendo espiritualmente, ao passo que o outro não deseja e não está crescendo!

Uma forma excelente de incentivar a intimidade espiritual é contar ao cônjuge a história de sua vida espiritual. Inúmeros casais conhecem a vida espiritual do cônjuge no momento presente, todavia sabem muito pouco do que se passou anteriormente.

Utilizem as perguntas abaixo para adquirir mais conhecimento sobre a fé do cônjuge:

1. Qual era a crença de seus pais a respeito de Deus, Jesus, igreja, oração, Bíblia?

2. Qual é sua definição de vida espiritual?

3. Para você, quem tem vida espiritual, seu pai ou sua mãe?

4. O que cada um deles lhe ensinou, direta ou indiretamente, a respeito de assuntos espirituais?

5. Onde você ouviu falar pela primeira vez de Deus? De Jesus? Do Espírito Santo? Qual era sua idade?

6. Qual foi sua melhor experiência na igreja quando era criança? E na adolescência?

7. Qual foi sua pior experiência na igreja quando era criança? E na adolescência?

8. Descreva sua conversão. Quando foi? Quem participou? Onde?

9. Se possível, descreva seu batismo. O que ele significou para você?

10. Qual foi o professor da Escola Dominical que exerceu maior influência sobre você? De que maneira?

11. Qual foi o pastor que exerceu maior influência sobre você? De que maneira?

12. Que dúvidas você tinha a respeito da fé na infância/adolescência? Quem lhe ofereceu respostas?

13. Houve algum acampamento ou reunião especial que tenha exercido influência espiritual em você?
14. Você leu a Bíblia na adolescência?
15. Memorizou algum trecho das Escrituras na infância ou na adolescência? Ainda se lembra desse trecho?
16. Se pudesse ter feito algumas perguntas a Deus na infância, quais teriam sido?
17. Se pudesse ter feito algumas perguntas a Deus na adolescência, quais teriam sido?
18. Se hoje pudesse fazer algumas perguntas a Deus, quais seriam?
19. O que mais o(a) ajudou espiritualmente quando você estava em fase de crescimento?
20. Alguém o(a) desapontou espiritualmente na infância? Caso positivo, qual foi o impacto disso em sua vida adulta?
21. Quando você atravessou momentos difíceis na infância ou na adolescência, isso teve influência sobre sua fé?
22. Qual foi a maior experiência espiritual de sua vida?[1]

---

1. H. Norman Wright, *The Secrets of a Lasting Marriage*. Ventura, CA: Regal Books, 1995, p. 156-57.

Consolidem o casamento sobre pontos positivos

*Antes, sede uns para com os outros benignos,
compassivos, perdoando-vos uns aos outros,
como também Deus, em Cristo, vos perdoou.*
Efésios 4.32

Fato: os casais que encontram cinco vezes mais pontos positivos que negativos no casamento têm uma vida conjugal estável. Se esse for o caso de vocês, o que fazer para assegurar que os pontos positivos continuem a sustentar seu casamento? Analisem as idéias abaixo:

Interesses compartilhados. É importante procurar conhecer os interesses pessoais do cônjuge, tentar saber como ele passou o dia, descobrir se houve algum aborrecimento. Isso pode ser feito ouvindo com atenção e olhando nos olhos um do outro – sem dar uma espiada na TV ou no jornal apoiado em seu colo. Significa ouvir sem tentar resolver o problema, a menos que lhe seja solicitado.

Demonstrar afeição. Ser sempre carinhoso(a) – não apenas nos momentos em que um de vocês está interessado em sexo – é uma reação altamente positiva. Às vezes, não há necessidade de palavras. Basta sentar-se lado a lado e fazer um carinho ou encostar-se levemente um no outro, observando o sol desaparecer atrás da montanha, enquanto ficam olhando embevecidos as formações de nuvens com tonalidades avermelhadas. Outra forma de carinho é ficar de mãos dadas em público. Ou, então, demonstrar uma atitude afetuosa, não solicitada, que seja apenas notada pelo cônjuge.

Pode entrar numa mercearia e comprar a guloseima preferida de seu cônjuge, mesmo que você a deteste. Ou, então, você decide parar na mercearia para fazer compras, mas, antes, telefona para o cônjuge em casa ou no trabalho para saber se ele precisa de mais alguma coisa. É pensar com a cabeça do outro e não por si só. Seguirá, assim os ensinamentos das Escrituras em Efésios 4.32: "Antes, sede uns para com os outros benignos, compassivos...".

Um gesto de carinho pode ser um telefonema para perguntar ao cônjuge se ele tem um pedido para ser feito em oração. Gestos de carinho significam não esquecer de datas especiais sem precisar ser lembrado.

Demonstrar apreço e empatia. Outro ponto positivo é demonstrar apreço. Significa esquecer de si mesmo para observar todas as pequenas coisas positivas que seu cônjuge faz e deixá-lo perceber que você as aprecia. Significa, também, focalizar e enfatizar as experiências positivas e não as negativas. É importante esforçar-se para concordar e gostar do ponto de vista do cônjuge. Os elogios transmitem apreço, mas é necessário haver equilíbrio entre o que as pessoas fazem e quem elas são. Elogios baseados em qualidades pessoais são raros, porém altamente apreciados.

Demonstrar preocupação sincera para com o cônjuge ao observar que ele está aborrecido gera união e intimidade na vida conjugal. Talvez você não possa fazer nada para ajudar, mas o fato de demonstrar o desejo de compartilhar o problema faz uma enorme diferença. Quando seu cônjuge compartilhar um problema com você, não conte a ele um caso semelhante que já lhe aconteceu, não lhe diga o que fazer, não conte uma piada para animá-lo nem lhe pergunte como ele se envolveu em tal problema. Ao contrário, ouça, coloque o braço ao seu redor, demonstre compreensão e diga-lhe que os sentimentos e atitudes que ele tomou estão corretos.

Estou certo de que já ouviram inúmeras vezes a palavra *empatia*.

Empatia envolve compreensão – saber como o cônjuge se sente na maior parte das situações sem que ele precise dar explicações. Essa é uma experiência que vocês viverão juntos por meio de uma troca de olhares.

O aspecto mais alegre. Ter senso de humor e capacidade de rir, de brincar e de se divertir são fatores que ajudam a compensar o aspecto sério do casamento. Alguns acontecimentos serão motivo de riso apenas entre vocês dois; alguns serão compartilhados com outras pessoas. Ter senso de humor significa ser capaz de rir de si mesmo (mesmo que isso talvez demore um pouco!) e de rir juntos. Às vezes, as melhores lembranças vêm de episódios engraçados que aconteceram, mesmo que o cônjuge não tenha achado muita graça na ocasião.[1]

---

1. H. Norman Wright, *The Secrets of a Lasting Marriage*. Ventura, CA: Regal Books, 1995, p. 52-55.

Criem uma visão para seu casamento

E acontecerá, depois, que derramarei o meu Espírito sobre toda a carne; vossos filhos e vossas filhas profetizarão, vossos velhos sonharão, e vossos jovens terão visões.
Joel 2.28

Vocês têm uma visão para seu casamento? Talvez eu devesse perguntar antes: O que é visão?

A visão pode ser considerada de várias maneiras. Pode ser descrita como previsão, dom de ter uma percepção aguçada das circunstâncias atuais e dos acontecimentos futuros e mérito de ter aprendido com expe-riências passadas.

A visão também pode ser descrita como a possibilidade de ver o invisível e de torná-lo visível. É ter fotografado na mente como as coisas poderiam ou deveriam ser no futuro.

A visão também é um retrato das situações que ainda não existem. É ter a capacidade de concentrar-se mais no futuro do que ficar ligado ao passado ou ao presente. Visão é o processo de criar um futuro melhor mediante o poder e a direção de Deus.[1]

A seguir, apresentamos outros conceitos que descrevem o que a visão significa.

Visão é a força dominante que controla nossa vida e exerce influência sobre as escolhas que fazemos como indivíduo e como casal. Visão é aquilo que ocupa nossos pensamentos quando não estamos concentrados em outra coisa.

A visão pode direcionar os relacionamentos e as amizades que criamos. É também aquilo que oramos quando esquadrinhamos a vontade de Deus.[2]

A visão é específica, detalhada, característica e, por vezes, relacionada ao tempo e mensurável. No casamento, a visão é uma forma de descrever sua atividade e desenvolvimento. A visão que você tem para seu casamento pode ser completamente diferente da visão de outra pessoa. Ter uma visão para o casamento é ter um sonho realista para aquilo que você, seu cônjuge e seu casamento poderão vir a ser se forem dirigidos por Deus. Precisamos saber o que Deus deseja para nós e para nosso casamento porque, sem sua sabedoria, o que viermos a alcançar talvez seja contra sua vontade. Precisamos de sua sabedoria porque "O Senhor conhece os pensamentos do homem, que são pensamentos vãos" (Salmos 94.11).

O dr. Charles Stanley fala a respeito da visão para a vida cristã:

> O Senhor quase sempre nos apresenta um quadro geral daquilo que devemos fazer – e a amplitude desse quadro tende a nos intimidar e assustar. Precisamos compreender que o Senhor não nos coloca diante de um alvo imenso nem de um projeto enorme – Ele fornece a direção para todos os pequeninos passos necessários até alcançarmos o alvo.
>
> Peça ao Senhor para mostrar-lhe o primeiro passo que precisa dar rumo ao alvo. Reconheça que será apenas o começo. Seja paciente consigo mesmo e com a obra que Deus está operando em você. Cumpra as determinações de Deus com toda sua força, poder e talento. Em seguida, procure saber qual é o segundo passo que Ele está lhe mostrando.

O Senhor não nos impulsiona a uma condição de grandeza: Ele nos faz amadurecer espiritualmente.
Ele nos estica para que possamos crescer aos poucos, de modo que não sejamos divididos ao meio.
Ele expande nossa visão devagar para que possamos perceber todos os detalhes daquilo que Ele quer que façamos.
Ele nos faz crescer lentamente para que permaneçamos equilibrados.
A revelação do plano de Deus é um processo para o restante de sua vida.[3]

Esses ensinamentos também se aplicam ao casamento. Conversem sobre a visão que vocês têm para casamento.

---

1. George Barna, *The Power of Vision*. Ventura, CA: Regal Books, 1992, p. 28-29, adaptado.
2. Phil Grand, The Task Before Us, *European Bookseller*, maio/junho 1991: p. 48, adaptado.
3. Charles Stanley, *The Source of My Strength*, Nashville: Thomas Nelson, 1994, p. 166.

Não deixem a crítica invadir o casamento

Não nos julguemos mais uns aos outros; pelo contrário, tomai o propósito de não pordes tropeço ou escândalo ao vosso irmão.
Romanos 14.13

Você sabia que se queixará de seu cônjuge de vez em quando? Todos fazem isso. Qual é a novidade? As queixas são normais, mas podem ser proferidas de forma que o cônjuge as ouça sem se tornar defensivo. Por exemplo, em lugar de enfatizar o que lhe causa aborrecimento, converse sobre uma atitude que aprecia em seu cônjuge. Ele estará mais propenso a ouvir e a levar seu pedido em consideração, se, antes, você demonstrar reconhecimento e, depois, apresentar uma crítica positiva.

Se falar sobre o que não aprecia, estará apenas reforçando a possibilidade de o problema persistir com maior intensidade. O princípio de enfatizar um aspecto positivo transmite ao cônjuge a confiança de que ele é capaz de fazer o que você lhe pediu. Se você agir assim constantemente e apresentar um elogio quando seu cônjuge for merecedor, produzirá uma modificação de atitudes. O fato de afirmar e de incentivar reações pode, realmente, modificar a vida de uma pessoa, porque todos nós queremos e necessitamos que os outros acreditem em nós.

A crítica é a reação negativa que abre a porta para reações negativas subseqüentes. A crítica é diferente da queixa, porque ataca a personalidade e o caráter da outra pessoa, geralmente por meio de repreensão. A maioria das críticas é generalizada ("Você sempre...") e pessoalmente acusatória (a palavra "você" é a principal). A maioria das críticas surge em forma de repreensão, e a palavra "deve" quase sempre é incluída.

A crítica pode estar oculta e, geralmente, é camuflada por meio de um gracejo. Quando inquirida sobre isso, a pessoa exime-se de responsabilidade dizendo: "Ora, eu estava brincando". Há um trecho em Provérbios que diz: "Como o louco que lança fogo, flechas e morte, assim é o homem que engana o seu próximo e diz: Fiz isso por brincadeira" (Provérbios 26.18, 19).

A crítica geralmente é destrutiva. Porém, é comum ouvirmos os críticos dizerem que estão apenas tentando transformar o cônjuge em uma pessoa melhor, oferecendo-lhe uma crítica "construtiva". No entanto, a crítica constante não constrói; destrói. Ela não alimenta um casamento; envenena. Em geral, assemelha-se ao que diz este versículo: "Alguém há cuja tagarelice é como pontas de espada"(Provérbios 12.18). A crítica destrutiva acusa, tenta fazer com que a outra pessoa se sinta culpada, intimida e, quase sempre, é conseqüência de ressentimento pessoal.

Já ouviu aqueles verdadeiros mísseis letais que são as palavras cáusticas de alguem? Atingem a pessoa como uma ponta afiada, uma espécie de farpa de anzol, que se prende na carne à medida que vai penetrando nela. A força das palavras mordazes e sarcásticas é poderosa e capaz de destruir vinte atos de bondade.[1]

Esse tipo de crítica tem o poder de reduzir os atos positivos a nada. Assim que atingem o alvo, seu efeito é semelhante ao de uma nuvem radioativa que se assenta sobre uma área de terra produtiva. O terreno fica tão contaminado pela radioatividade que as sementes espalhadas e as plantas não conseguem criar raízes. A terra fica contaminada durante décadas. Os atos de bondade e de amor que se seguem após uma crítica mordaz encontram um solo hostil semelhante. Talvez leve horas até receber uma reação receptiva ou positiva para uma proposta de reconciliação.

Outra forma de crítica chama-se "desestímulo", que geralmente causa problemas conjugais. Quando o desestímulo está presente no casamento, destrói o efeito do incentivo e também o relacionamento amigável entre marido e mulher. Há situações em que os casais conseguem manter o relacionamento sem incentivo suficiente, mas não conseguem lidar com o contínuo desestímulo. Esse é outro exemplo de comentário negativo que destrói vinte atos de bondade.[2]

---

1. Clifford Notarius e Howard Markman, *We Can Work it Out,* New York: G. P. Putnam's Sons, 1993, p. 28, adaptado.
2. Ibid., p. 123-24, adaptado.

O amor incondicional no casamento

Respondeu-lhe Jesus: "Amarás o Senhor, teu Deus, de todo o teu coração, de toda a tua alma e de todo o teu entendimento. Este é o grande e primeiro mandamento. O segundo, semelhante a este, é: Amarás o teu próximo como a ti mesmo."
Mateus 22.37-39

O amor incondicional é duradouro

O amor incondicional manifesta-se de várias formas. É incondicional porque não depende do comportamento do cônjuge, e sim da necessidade que sentimos de compartilhar amor com ele. Quando isso não acontece, o cônjuge passa a viver inseguro, temendo que o amor que lhe dedicamos se restrinja, caso ele nos decepcione.

O amor incondicional independe do comportamento da outra pessoa. É um sentimento que flui naturalmente, sem exigir nada em troca. Ninguém é forçado a amar. Essa forma de amor verdadeiro implica envolvimento absoluto e irrestrito com uma pessoa imperfeita. Exigirá muito mais de você, mas é em torno disso que se desenvolve o casamento.

O amor incondicional também é transparente. É suficientemente forte para permitir que marido e mulher se conheçam por fora e por dentro. A transparência envolve honestidade e fidelidade, e o compartilhamento de sentimentos negativos e positivos.

O amor incondicional deve ocupar lugar de honra no casamento. É um amor altruísta que sustenta o casamento, mesmo quando a outra pessoa não merece ser amada. Ele mantém vivas as outras formas de amor. Quem ama incondicionalmente é bondoso e complacente, zeloso e sensível às necessidades da pessoa amada, mesmo quando não é digna desse amor.

Reflitam sobre isto:

Amar significa comprometer-se sem nenhuma garantia, entregar-se completamente, na esperança de que seu amor provoque o mesmo sentimento na pessoa amada. O amor é um ato de fé, e todo aquele que é fraco na fé também é fraco no amor. O amor perfeito deveria ser aquele que oferece tudo sem esperar nada em troca. Deveria ser o amor que aceita com satisfação tudo aquilo que é oferecido; quanto mais, melhor. Porém, sem pedir nada, porque, se alguém não espera nada nem pede nada, nunca se sentirá enganado ou decepcionado. O amor só traz sofrimento quando faz exigências.[1]

O poder do amor incondicional

O amor incondicional é uma força que cura feridas. Para demonstrar a força desse amor, tomemos como exemplo uma área crítica que afeta o casamento – a irritabilidade. A irritabilidade é uma doença contagiosa que afasta as outras pessoas de nós. É a mola propulsora de ofensas, críticas, raiva, palavras mordazes, ressentimentos e recusa em aceitar o amor oferecido pela outra pessoa.

O amor incondicional é inigualável porque nos faz procurar atender às necessidades do cônjuge sem exigir recíproca para as nossas necessidades. Nessas circunstâncias, nossa irritabilidade e frustrações diminuem, porque estamos procurando satisfazer os anseios da outra pessoa, em vez de enfocar nossas necessidades e de exigir que elas sejam satisfeitas.

---

1. David L. Leuche, *The Relationship Manual*. Columbia, MD: The Relationship Institute, 1981, p. 3, adaptado.

Você tem características exclusivas – seu futuro cônjuge também

Para a liberdade foi que Cristo nos libertou. Permanecei, pois, firmes e não vos submetais, de novo, a jugo de escravidão.
Gálatas 5.1

Você não é uma réplica de seu futuro cônjuge. Se o fosse, provavelmente não teria escolhido essa pessoa para com ela se casar... Também não é uma réplica de qualquer outro cristão. Às vezes, igrejas e cristãos bem-intencionados tentam moldar nosso modo de ser, na tentativa de nos tornar iguais a eles ou iguais ao modelo de um cristão que eles têm em mente. Se você cair nessa armadilha, provavelmente ficará "abaixo da lei" perante alguns sistemas legislativos. Isso é uma forma de escravidão.

O versículo mencionado acima afirma que não devemos nos submeter a jugo de escravidão. Infelizmente, essa escravidão acontece no casamento. Cada um é atraído para o futuro cônjuge por causa das características exclusivas que ele demonstra ter. Depois do casamento, contudo, muitos casais deixam de apreciá-las e passam a vê-las como características desagradáveis. A partir daí, tentam abafá-las e reprimi-las. Isso é escravidão.

Para ser realmente livres, como indivíduos e como casal, e para que se transformem no que Deus deseja que sejam, é necessário olhar para Ele e para sua Palavra, em vez de olhar para outras pessoas. É verdade que outros podem oferecer-lhes orientação e discernimento. Isso seu cônjuge também é capaz de fazer. Porém, nossa fonte básica de aprendizado é Deus. As pessoas são imperfeitas como nós. Quando as tomamos como exemplo, geralmente fazemos comparações errôneas.

A Bíblia está repleta de exemplos de comparação. Caim comparou-se com Abel, e matou-o. Esaú comparou-se com Jacó, sem se importar com o direito de primogenitura, e perdeu sua herança. Saul comparou-se com Davi e sofreu um desequilíbrio mental. Exemplos desencorajadores, não? Por que, então, comparar-se a outras pessoas? Isso é escravidão.

Pense nestas duas perguntas por alguns instantes: o que você deseja que seu casamento deixe transparecer? Se as características que lhe vêm à mente não estão presentes em outros casais, deseja ficar isolado e ser diferente? É importante revelar a seu futuro cônjuge que você é assim, e que sempre será assim. Suas características exclusivas engrandecerão a vida de seu futuro cônjuge. O casamento nunca deve ser encarado como uma prisão, mas como uma oportunidade para que cada um seja livre e desenvolva seu potencial ao máximo!

Fomos libertados por Cristo. Apesar dessa liberdade, podemos facilmente recolocar as correntes e as algemas por conta própria. Tome cuidado para não se vender a um novo explorador de escravos. A liberdade que você tem foi paga, e custou muito caro. Custou a vida do Filho de Deus. Ao libertá-lo, Jesus empregou a seguinte mensagem: "Você é digno. Está livre. Siga-me".[1]

---

1. H. Norman Wright, *Quiet Times for Couples*. Eugene, OR: Harvest House Publishers, 1990, p. 355, adaptado.

Quem dará as ordens?

Nada façais por partidarismo, ou vanglória, mas por humildade, considerando cada um os outros superiores a si mesmo.
Filipenses 2.3

Quem manda aqui? Quem é o responsável por este projeto? Essas perguntas são feitas milhares de vezes por dia, principalmente no comércio e na indústria. No entanto, raramente são formuladas ou discutidas na vida conjugal, embora isso devesse ser feito. A questão da autoridade é um dos maiores conflitos que ocorrem no casamento. Geralmente vem à tona quando acontece uma disputa pelo poder entre os cônjuges.[1]

Quem de vocês toma mais decisões? Ambos decidem juntos? Um é mais dominador do que o outro? Em caso positivo, como isso afetará o casamento de vocês?

Consideremos outro fator a respeito das decisões. Quem de vocês toma decisões mais rapidamente? Que efeitos isso acarreta? Em qualquer relacionamento, é normal que um seja mais rápido de raciocínio e mais resoluto do que o outro. Isso não significa que a pessoa mais rápida seja mais inteligente que a mais lenta.

O cônjuge mais rápido de raciocínio coloca seus pensamentos, planos e procedimentos em primeiro lugar na discussão e exerce forte influência. Ele predomina, e a pessoa mais lenta tende a tornar-se mais lenta ainda. Não consegue manter o mesmo passo ou ritmo.

É preferível haver um compromisso entre marido e mulher para que ambos participem do processo geral de tomar decisões. É necessário haver um "ritmo a dois", em vez de manter um ritmo individual. A pessoa mais lenta poderá aprender a ser um pouco mais rápida, e a mais rápida poderá aprender a agir um pouco mais devagar. O importante é decidir em conjunto.[2]

Se você já teve a oportunidade de observar um grupo de cachorrinhos, deve ter percebido que é comum entre eles a disputa pelo poder. Um cachorrinho assume o controle perante o resto do grupo. Se esse cachorrinho for retirado da ninhada, inicia-se uma nova disputa até que outro cachorrinho assuma o comando. Esse comportamento não difere muito do que ocorre com os seres humanos. O desejo de mandar e de tomar conta da vida do outro é evidenciado nas pessoas desde os tempos de Adão e Eva. Qual é a causa? Por que a luta para exercer controle sobre todos e sobre tudo é tão acentuado em algumas pessoas que sua vida se transforma em uma peregrinação após outra em busca de poder?

Você conhece alguém dominador? Ele sempre está certo, ganha todas as discusões, controla e demonstra perfeição. Ironicamente, o fato de dominar não satisfaz o dominador. Geralmente, ele, é infeliz, teme a rejeição e é incapaz de manter um relacionamento íntimo com outra pessoa.

O padrão de pessoa dominadora contraria o padrão bíblico relativo ao casamento. (Além do mais, quando uma pessoa tenta controlar o cônjuge, quase sempre o amor é destruído no casamento.) A postura adequada ao casamento está refletida em Mateus 20.26-28; 23.11; Marcos 9.35; 10.43-45; Lucas 9.48; 22.26, 27. Leiam juntos esses versículos em voz alta. O que eles dizem a respeito do papel que seu futuro cônjuge exercerá no casamento? O que eles têm em comum com o versículo escolhido para esta mensagem? Todos esses versículos refletem o modo de vida que Jesus diz ser o melhor para os indivíduos e para os casais. E Ele está certo![3]

---

1. H. Norman Wright, *Quiet Times for Couples*. Eugene, OR: Harvest House Publishers, 1990, p. 61.
2. H. Norman Wright, *So You're Getting Married*. Ventura, CA: Regal Books, 1985, p. 127-28.
3. Wright, *Quiet Times for Couples*, p. 61.

O dom de ouvir

Sabeis estas coisas, meus amados irmãos. Todo homem, pois, seja pronto para ouvir, tardio para falar, tardio para se irar.
Tiago 1.19

Seu futuro cônjuge acha que você sabe ouvir? Provavelmente, ainda não lhe fez essa pergunta, não é? O que ele lhe teria respondido? Que você ouve prontamente, reluta em ouvir ou só ouve o que lhe convém? Caso ainda não tenha lhe feito essa pergunta, faça isso. Diga-lhe: "Como posso ser melhor ouvinte?". Enquanto seu futuro cônjuge reflete, pense nestes versículos: "Os ouvidos que atendem à repreensão salutar no meio dos sábios têm a sua morada. O que rejeita a disciplina menospreza a sua alma, porém o que atende à repreensão adquire entendimento" (Provérbios 15.31, 32).

Você já disse a seu companheiro (a): "Sim, estou ouvindo..."? É provável que sim. Mas o fato de simplesmente ouvir não significa ouvir com atenção. Analise isto:

Ouvir é basicamente adquirir conhecimento ou informação em proveito próprio. Ouvir com atenção é demonstrar consideração e empatia para com o interlocutor. Ouvir significa estar preocupado com o que se passa em seu interior durante a conversa. Ouvir com atenção significa tentar compreender os sentimentos do cônjuge e ouvir para o bem dele.

Começando Juntos

Pense nisto: ouvir com atenção significa que quando seu cônjuge está falando, você...

1. Não está pensando no que dirá quando ele terminar de falar. Não está mentalizando rapidamente uma reação. Concentra-se no que ouve e coloca em prática Provérbios 18.13.

2. Aceita completamente o que ouve sem julgar o que ele diz ou a forma como ele diz isso. Não entenderá a mensagem se achar que não gosta do seu tom de voz ou das palavras que ele fala. Talvez você reaja imediatamente ao tom de voz e ao conteúdo da conversa e perca o significado da mensagem. Talvez ele não tenha usado as palavras adequadas; mas por que não ouvir com atenção e voltar posteriormente ao assunto, quando ambos estiverem calmos para discutir as palavras e o tom de voz? Aceitar não quer dizer concordar com tudo. Ao contrário, significa que você compreende o que o cônjuge está sentindo o que diz.

3. Deve ser capaz de repetir o que o cônjuge disse e o que imagina do que ele sentia enquanto falava. Ouvir com atenção implica interesse óbvio pelos sentimentos e opiniões do cônjuge, na tentativa de compreender o ponto de vista dele.

É possível aprender a ouvir com atenção, porque essa é uma habilidade que pode ser adquirida. Sua mente e ouvidos são capazes de aprender a ouvir mais atentamente. Seus olhos podem aprender a ver com mais clareza. Mas o oposto também é verdadeiro, isto é, você pode ficar com olhos e ouvidos embotados. Jesus disse:

> Por isso, lhes falo por parábolas; porque, vendo, não vêem; e, ouvindo, não ouvem, nem entendem.

De sorte que neles se cumpre a profecia de Isaías: Ouvireis com os ouvidos e de nenhum modo entendereis; vereis com os olhos e de nenhum modo percebereis. Porque o coração deste povo está endurecido, de mau grado ouviram com os seus ouvidos e fecharam os olhos; para não suceder que vejam com os olhos, ouçam com os ouvidos, entendam com o coração, se convertam e sejam por mim curados (Mateus 13.13-15).

Aprenda a ouvir e a ver com atenção. Essa é uma das maiores dádivas que poderá oferecer a seu cônjuge. Difícil? Talvez. Possível? Claro que sim. Lembre-se daquele que ouve você independentemente do que você diz e de como diz. Deus é nosso exemplo. Somos imperfeitos em nossas habilidades, mas Ele não o é. Deixe que Ele o(a) ajude a saber ouvir. Lembre-se: se não houver alguém que ouça, não haverá comunicação.

Orientações para a comunicação

*O homem se alegra em dar resposta adequada, e a palavra,
a seu tempo, quão boa é!*
Provérbios 15.23

Os casais conversam muito entre si. Mas será que se comunicam de verdade? Vamos refletir sobre duas coisas: o que é comunicação e que orientações devemos seguir enquanto nos comunicamos?

Comunicação é o processo de transmitir o que pensamos, com ou sem palavras, de modo que a outra pessoa possa compreender e aceitar o que estamos transmitindo. Significa, evidentemente, que devemos também prestar atenção com os olhos e os ouvidos, para que a outra pessoa possa comunicar-se conosco.

A comunicação só acontece quando a outra pessoa recebe a mensagem transmitida, quer por meio de palavras quer não. A comunicação pode ser eficaz, positiva e construtiva ou pode ser ineficaz, negativa e destrutiva. Uma pessoa [cônjuge] pode ter a intenção de transmitir uma mensagem positiva, mas a outra talvez a receba como negativa.

A Palavra de Deus é o meio mais eficaz para aprender a comunicar-se. Nela você encontrará orientações normativas para relacionamentos saudáveis. Eis algumas:

- "Mas, seguindo a verdade em amor, cresçamos em tudo naquele que é o cabeça, Cristo" (Efésios 4.15).
- "O que encobre as suas transgressões jamais prosperará; mas o que as confessa e deixa alcançará misericórdia" (Provérbios 28.13).
- "Porque todos tropeçamos em muitas coisas. Se alguém não tropeça no falar, é perfeito varão, capaz de refrear também todo o corpo" (Tiago 3.2).
- "Pois quem quer amar a vida e ver dias felizes refreie a língua do mal e evite que os seus lábios falem dolosamente" (1 Pedro 3.10).
- "Alguém há cuja tagarelice é como pontas de espada, mas a língua dos sábios é medicina" (Provérbios 12.18).
- "O longânimo é grande em entendimento, mas o de ânimo precipitado exalta a loucura" (Provérbios 14.29).
- "A língua serena é árvore de vida, mas a perversa quebranta o espírito. O homem se alegra em dar resposta adequada, e a palavra, a seu tempo, quão boa é!" (Provérbios 15.4, 23).
- "Como maçãs de ouro em salvas de prata, assim é a palavra dita a seu tempo" (Provérbios 25.11).
- "Como o ferro com o ferro se afia, assim, o homem, ao seu amigo" (Provérbios 27.17).
- "Da soberba só resulta a contenda, mas com os que se aconselham se acha a sabedoria" (Provérbios 13.10).
- "O que encobre a transgressão adquire amor, mas o que traz o assunto à baila separa os maiores amigos" (Provérbios 17.9).

- "Longe de vós, toda a amargura, e cólera, e ira, e gritaria, e blasfêmias, e bem assim toda malícia. Antes, sede uns para com os outros benignos, compassivos, perdoando-vos uns aos outros, como também Deus, em Cristo, vos perdoou" (Efésios 4.31, 32).[1]

Como lembrar desses princípios? É fácil: memorizem cada versículo. Depois de gravados na memória, o Espírito Santo fará com que vocês se lembrem deles nos momentos decisivos. Para facilitar a tarefa, comecem memorizando o versículo abaixo, que reforça o que estamos dizendo:

"De que maneira poderá o jovem guardar puro o seu caminho? Observando-o segundo a tua palavra" (Salmos 119.9).

---

1. H. Norman Wright, *So You're Getting Married*. Ventura. CA: Regal Books, 1985, p. 137-39.

O romantismo no casamento

Pomba minha, que andas pelas fendas dos penhascos, no esconderijo das rochas escarpadas, mostra-me o teu rosto, faze-me ouvir a tua voz, porque a tua voz é doce, e o teu rosto amável.
Cantares 2.14

Vocês são românticos? Se são, ótimo! Se não são, poderão aprender a ser. O casamento precisa de romantismo. O casal precisa ser romântico! Mas o que significa romantismo?

Um relacionamento romântico pode incluir vários elementos importantes. Primeiro, o romantismo inclui o inesperado. As rotinas e tarefas do dia-a-dia consomem boa parte de nosso tempo e energia. Uma surpresa romântica pode ajudar a quebrar a rotina e a monotonia do dia. As surpresas também transmitem a seguinte mensagem: "Estou pensando em você. Você está em meus pensamentos. Quero que seu dia seja diferente".

É possível estabelecer uma rotina para criar surpresas românticas especiais. Isso é importante. Mas cuidado: qualquer coisa que se repita mês após mês, ano após ano ou década após década poderá transformar-se em monotonia. Surpreender o cônjuge com um jantar no mesmo restaurante, sempre no dia do pagamento, poderá deixar de ser romântico depois de vinte anos! Tente descobrir novos restaurantes, novas atividades e novas maneiras de dizer "Eu amo você" para manter sempre um clima de surpresa e de romantismo no casamento.

O segundo elemento em um relacionamento romântico chama-se marcar um encontro – algo que vocês fazem agora e que poderão fazer no futuro. Marcar um encontro significa separar um tempo para estar juntos e planejar o evento. O planejamento poderá ser feito em conjunto ou só por um dos cônjuges.

Sempre que possível, esse passeio romântico deverá ser feito apenas por vocês dois, sem a participação de um grupo! Daqui a alguns anos, quando saírem para um passeio a dois, sugiro que não falem de trabalho ou de filhos. Falem sobre vocês. Transformem o passeio em momentos de alegria. Riam, divirtam-se e façam pequenas "loucuras". Quando forem a um restaurante, demonstrem ao garçom ou à garçonete que vocês estão lá para se divertir.

Os passeios românticos devem ter como ponto central uma atividade na qual possam interagir. Se forem ao cinema ou a qualquer outro entretenimento, separem um tempo antes ou depois para jantar e conversar.

Terceiro, pelo fato de o romantismo geralmente não ser racional e sim emocional, um relacionamento romântico às vezes inclui eventualidades. Sempre é possível gastar algum dinheiro num passeio ou num presente, mesmo sabendo que não há condições financeiras para grandes exageros. Porém, o clima romântico faz valer a pena privar-se de outras coisas em prol daquele momento.

Os acontecimentos românticos casuais ficam retidos na memória. E é nisso que o romantismo quase sempre está fundamentado – em boas recordações. Guardem as lembranças românticas em seu coração e elas os ajudarão a vencer os momentos difíceis da vida.

O romantismo no casamento

O quarto elemento em um relacionamento romântico é a criatividade. Tente descobrir o que o cônjuge mais aprecia e coloque isso em prática de maneira diferente e criativa. Até o modo como você manifesta seu amor todos os dias pode ser inovador e criativo. Se seu cônjuge souber, com antecedência, o que você lhe dirá, como reagirá e que presente lhe oferecerá em ocasiões especiais, isso é sinal de que o romantismo caiu na rotina.

Quinto, o romantismo requer atitudes diárias de zelo, preocupação e amor; requer também compreender o que o cônjuge diz, saber ouvir e dedicar atenção especial um ao outro. Tais atitudes transmitem uma mensagem de aceitação e de consideração para com o cônjuge. Vejam bem: o romantismo começa na mente e não no físico. Inúmeras pessoas, principalmente os homens, tendem a deixar que seus instintos físicos ocupem sempre o primeiro lugar no romantismo. Ao contrário, atitudes de consideração e de zelo criam um clima de romance, mesmo quando os instintos físicos estão neutralizados.

Sexto, o romantismo requer compromisso. No dia-a-dia da vida dos casais, há altos e baixos, alegrias e decepções. Os sentimentos românticos fluem e refluem. Se, contudo, o compromisso entre vocês for o elemento principal do casamento, o romantismo terá condições de florescer. O compromisso mútuo gera uma reação mútua de amor. O compromisso é, antes de tudo, um exercício da vontade baseado numa atitude do coração.

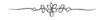

Quando a raiva chega

Melhor é o longânimo do que o herói da guerra, e o que domina o seu espírito, do que o que toma uma cidade.
Provérbios 16.32

Uma esposa zangada. Um marido raivoso. Um casamento cheio de ira! Isso é comum? Se a maior parte da raiva que sentimos na vida está ligada a relacionamentos pessoais, então por que o relacionamento conjugal deveria ficar de fora? E não fica. É provável que o casamento provoque mais raiva nos casais do que eles sentiriam em qualquer outro tipo de relacionamento. Talvez vocês já tenham sentido raiva durante o período de namoro ou de noivado. Quando duas pessoas convivem de perto, demonstram suas vulnerabilidades, e o potencial para ofensas e desentendimentos é enorme. Para aprender a viver em harmonia, sem o predomínio de uma das partes, habilidade e muita prática. São coisas necessárias.

A raiva e o amor podem coexistir num relacionamento. No entanto, quando a raiva permanece latente, o amor tende a diminuir. Com o passar do tempo, o ressentimento passa a prevalecer. O ressentimento é uma doença corrosiva que se alimenta de uma raiva prolongada que suga suas energias. O ressentimento corrói o relacionamento até matar o amor.

Pior ainda: se o ressentimento persistir, poderá gerar ódio – e o ódio separa. Afasta a outra pessoa. Nenhum casal que esteja planejando se casar gostaria que isso acontecesse.

A raiva faz parte de relacionamentos íntimos. Sempre que duas pessoas iniciam um relacionamento, são atraídas, em parte, por suas similaridades e, em parte, por suas diferenças. Os opostos se atraem, mas não por muito tempo. Não demora muito para que as diferenças se transformarem em desavenças. As desavenças envolvem medo, mágoa e frustração.

- Medo de que nosso relacionamento esteja ameaçado e de que nunca sejamos compreendidos.
- Mágoa a respeito do que foi dito para nós e sobre nós, ou de como foi dito.
- Frustração, porque já tivemos uma desavença semelhante anteriormente, e a ladainha é sempre a mesma.

As desavenças quase sempre incluem raiva e geram conflitos. Nessa altura, temos uma opção. Podemos gastar nossa energia descarregando a raiva no cônjuge, mostrando-lhe que, mais uma vez, ele está redondamente enganado e que nós estamos certos. Podemos, também, desistir de discutir e sair do recinto. Agindo assim, damos a entender que o cônjuge não merece nossa perda de tempo em tentar resolver o assunto ou, então, que é impossível haver diálogo. As duas opções geram desalento e desesperança, provocando mais desavenças futuras.

Temos, contudo, outra opção. Podemos reconhecer nosso medo, mágoa e frustração e gastar nossa energia aproveitando a oportunidade para conhecer melhor a pessoa amada. Uma das maneiras mais práticas de conseguir isso é lembrar de que o amor "tudo sofre, tudo crê, tudo espera, tudo suporta"(1 Coríntios 13.7) e habituar-se a conviver com as diferenças. Isso leva tempo e é necessário ouvir, fazer perguntas, ouvir, fazer mais perguntas, até chegar a um entendimento.

Não te apresses em irar-te, porque a ira se abriga no íntimo dos insensatos (Eclesiastes 7.9).

Como o abrir-se da represa, assim é o começo da contenda; desiste, pois, antes que haja rixas (Provérbios 17.14).

A discrição do homem o torna longânimo, e sua glória é perdoar as injúrias (Provérbios 19.11).

Deixa a ira, abandona o furor; não te impacientes; certamente, isso acabará mal (Salmo 37.8).

Irai-vos e não pequeis; não se ponha o sol sobre a vossa ira (Efésios 4.26).[1]

---

1. Gary J. Oliver e H. Norman Wright, *When Anger Hits Home*. Chicago: Moody Press, 1992, p. 87-159, adaptado.

Você pode mudar seu cônjuge?

Não nos julguemos mais uns aos outros; pelo contrário, tomai o propósito de não pordes tropeço ou escândalo ao vosso irmão.
Romanos 14.13

Nossa missão no casamento é incentivar mais do que criticar, perdoar mais do que acumular mágoas, construir mais do que reformar. Ao agir assim, ajudamos o nosso cônjuge a melhorar dia a dia. Sua missão é facilitar as coisas ou torná-las possíveis.

Muitas pessoas acham que o casamento sufoca e limita, impedindo-as de ser o que desejam. Isso quase sempre acontece porque um dos cônjuges assume o papel de reformador crítico. Os reformadores tentam forçar os parceiros a agir de acordo com seus padrões e a transformar-se em réplicas deles próprios. As pessoas inseguras querem que os comportamentos, as opiniões e as atitudes do cônjuge sejam iguais aos delas e sentem-se ameaçadas diante de supostas ou reais diferenças. Essa não é uma forma saudável de mudar alguém.

Reflitam sobre o seguinte:

> Algumas pessoas parecem ter uma necessidade urgente de reformar ou de melhorar o cônjuge de qualquer maneira. Isso é constante; elas nunca estão satisfeitas. A mulher pode querer transformar

o marido em uma pessoa mais sociável ou, então, fazê-lo assumir mais responsabilidade no lar. O marido deseja que a mulher seja uma dona de casa mais eficiente ou mais organizada. Às vezes, até mesmo hábitos insignificantes parecem merecer ação corretiva: modo de vestir, modo de andar, modo de apertar o tubo de creme dental.

Todos nós precisamos mudar e crescer de mil formas diferentes. Mas isso se torna um problema quando o marido ou a mulher se autodenomina Dono(a) da Verdade e passa a exigir mudanças dizendo: "Você precisa mudar. Não aceito seu modo de ser, a menos que se apresse em mudá-lo." Como conseqüência, o encanto desaparece e todo o genuíno desejo de mudar em função do amor é arrancado pela raiz.[1]

Aí está a diferença! A exigência confina; o pedido liberta. Você é capaz de pedir em vez de exigir?

Descobri, há alguns anos, uma citação sábia:

"Tentamos modificar as pessoas para adaptá-las à nossa idéia de como deveriam ser. Deus também age assim. Mas a semelhança termina aqui. A maneira pela qual tentamos adaptar as outras pessoas é completamente diferente da maneira pela qual Deus age em relação a nós. Nossa idéia a respeito do que os outros deveriam fazer ou de como deveriam agir pode ser um benefício ou uma prisão. Podemos libertar o outro de padrões de comportamento que restringem seu desenvolvimento ou, então, simplesmente torná-lo prisioneiro de padrão diferente. As mudanças que Deus opera em nós são sempre de libertadoras para sermos o que Ele idealizou para nós.[2]

A mudança que você procura, seja qual for, precisa ser vantajosa para você, para seu cônjuge e também para sua vida conjugal. Não temos a responsabilidade de assumir a tarefa de reformadores. O Espírito Santo faz isso muito melhor do que nós. Nossa tarefa é pedir que nosso cônjuge mude, demonstrando aceitação e paciência para que Deus tenha a liberdade de agir. A partir daí, devemos aprender a confiar que Deus realizará o trabalho.

Os casamentos bem-sucedidos têm um ingrediente em comum – educação mútua. Educação mútua significa que ambos os cônjuges devem ser excelentes professores e alunos desejosos de aprender. A razão disso tudo é desenvolver um alto grau de compatibilidade. Se você negligenciar esse processo de educação, seu casamento correrá sérios riscos.

O aprendizado mútuo é um processo delicado. Envolve a modelagem positiva de atitudes e de comportamentos desejados, de incentivos moderados, de lembretes delicados, de encorajamento e de confiança, em que o cônjuge pode obter êxito sem repreensões nem censuras. O aprendizado mútuo concentra-se no elemento positivo, e sua intenção é trabalhar para que o resultado da mudança seja positivo.[3] Estou certo de que é isso o que vocês também desejam fazer.

---

1. Joseph Cooke, *Free for the Taking*. Grand Rapids: Fleming H. Revell, 1975, p. 127.
2. James Fairfield, *When You Don't Agree*. Scottdale, PA: Herald Press, 1977, p. 195.
3. Jeanette C. Lauer e Robert H. Lauer, *Till Death Do Us Part*. New York: Harrington Park Press, 1986, p. 153-54, adaptado.

Você está casando com um alienígena?

*Quanto ao mais, irmãos, adeus! Aperfeiçoai-vos,
consolai-vos, sede do mesmo parecer, vivei em paz,
e o Deus de amor e de paz estará convosco.*
2 Coríntios 13.11

*Seja a paz de Cristo o árbitro em vosso coração, à qual, também,
fostes chamados em um só corpo; e sede agradecidos.*
Colossenses 3.15

Diferenças. Como você pretende aprender a adaptar-se a elas sem perder a personalidade? Como pretende aprender a gostar das peculiaridades de seu cônjuge? Como pretende viver com essa pessoa tão diferente de você? Uma esposa disse certa vez:

> Não basta o fato de ter casado com uma criatura de outro planeta! Será que passei a fazer parte do elenco de *Jornada nas Estrelas* ou casei com um sobrevivente do seriado *Guerra nas Estrelas*? Socorro!

"Será que devemos casar com alguém que é o nosso oposto ou com alguém semelhante a nós?" – é o que sempre nos perguntamos.

A resposta é sim para as duas possibilidades. Haverá algumas semelhanças, bem como algumas diferenças, e vocês terão de aprender a adaptar-se a todas elas. Pensem no assunto desta maneira:

> Casamos por causa de nossas semelhanças. Permanecemos juntos por causa de nossas diferenças. As semelhanças satisfazem, as diferenças atraem. As diferenças raramente causam conflitos no casamento. Os problemas surgem em função de nossas semelhanças. As diferenças são a circunstância, as semelhanças são a causa.

As diferenças podem servir, de início, para um incidente qualquer, um assunto para debate ou o motivo principal de uma discussão. Porém, são as semelhanças que geram conflitos entre nós.

As mesmas diferenças que nos atraíram, mais tarde nos separam e, mais tarde ainda, poderão nos aproximar. As diferenças atraem, depois irritam, depois frustram, depois iluminam e, por fim, podem nos unir. Aquelas peculiaridades que intrigam durante o namoro e divertem no início do casamento começam a irritar com o passar do tempo e transformam-se em conflitos na fase intermediária da vida conjugal; porém, a maturidade muda a maneira de pensar, e as peculiaridades da outra pessoa passam a ser valorizadas, mesmo aquelas diferenças que um dia foram irritantes.[1]

As diferenças existem em todos os casamentos. Em geral, podem ser divididas em duas categorias. A primeira inclui aquelas diferenças sobre as quais não se pode fazer nada, tais como idade, raça, aparência pessoal, família e nível cultural. O metabolismo de nosso corpo afeta o ambiente emocional do lar. Podemos tanto acordar espertos e animados para enfrentar o dia como necessitar de uma hora para despertar de verdade. Essas diferenças não podem ser mudadas.

Você está casando com um alienígena?

A outra categoria inclui diferenças que podem ser mudadas, como, por exemplo, hábitos pessoais no banheiro ou à mesa, gostar de acordar cedo ou preferir deitar tarde, gostar de sair para jantar fora três vezes por semana ou preferir ver televisão em casa. Fico intrigado ao ver que hábitos insignificantes, tais como preferir que as cobertas fiquem presas debaixo do colchão e não soltas sobre a cama, ou jantar em frente à TV e não na sala de refeições assumem grande importância no casamento.[2]

Vocês já relacionaram suas diferenças e semelhanças? Se ainda não, talvez seja o momento apropriado para fazer isso. Quanto mais cedo vocês as compreenderem, mais cedo aprenderão a viver em harmonia.

---

1. David Augsburger, *Sustaining Love*. Ventura, CA: Regal Books, 1988, p. 40.
2. H. Norman Wright, *The Secrets of a Lasting Marriage*. Ventura, CA: Regal Books, 1995, p. 119.

Você está casando com a pessoa certa?

*... com toda a humildade e mansidão, com longanimidade,
suportando-vos uns aos outros em amor.*
Efésios 4.2

Às vezes, as pessoas questionam se estão casando com a pessoa certa. Isso costuma acontecer nos primeiros dois anos após o casamento, quando as diferenças de personalidades começam a se evidenciar. Esse processo é normal.

Logo no início do casamento, não enxergamos com nitidez essas diferenças. Achamos que são "características exclusivas" da personalidade do cônjuge. Passado algum tempo, a situação se modifica. Primeiro, tentamos nos adaptar. Toleramos, não tomamos conhecimento nem negamos a existência das diferenças, a fim de evitar conflitos.

Depois, nós as anulamos ou tentamos eliminá-las exigindo, pressionando ou manipulando o cônjuge.

Em seguida, passamos a apreciar as diferenças, porque descobrimos que são necessárias e indispensáveis. Na verdade, elas são essenciais. Em função disso, passamos a elogiá-las, a gostar delas, a aceitá-las de bom grado. Incentivamos sua evolução.[1]

Ao passar por esse processo, descobrimos que não casamos com a pessoa errada. Reflitam sobre isto:

Na realidade, casamos com a pessoa certa – muito mais certa do que imaginamos. De uma forma misteriosa, intuitiva e talvez instintiva, somos atraídos um pelo outro por causa de nossas semelhanças e diferenças, necessidades e ansiedades, fantasias e medos, em busca de um complemento ou de um reflexo de nós mesmos.

A verdade é que casamos com a pessoa certa e, ao descobrirmos isso, passamos para outra fase do casamento. Começamos a apreciar aquilo que antes procurávamos eliminar.

Ao constatar que conhecemos melhor a pessoa que escolhemos para casar, surgem os primeiros lampejos de aprovação. Descobrimos que as pessoas casadas são *reflexos* uma da outra. Ambas manifestam a imagem e a valorização que têm de si mesmas na pessoa escolhida.

As pessoas casadas são *complementos* uma da outra de forma enigmática e, ao mesmo tempo, evidente. A carência de uma é suprida pela outra, a instabilidade de uma é complementada pela da outra, a passividade de uma é enriquecida pela agilidade da outra.[2]

E então? O que você deve fazer? Analise seu cônjuge. Analise a si mesmo. Decida como será possível reagir de forma diferente. Amplie seus conhecimentos a respeito da diferença entre os sexos, dos variados tipos de personalidades e de como aprender a falar uma linguagem que seu cônjuge compreenda.

Talvez você se surpreenda com o que vai descobrir. E sabe o que mais? Cada minuto gasto procurando trazer harmonia e conciliação ao seu casamento terá valido a pena. Esse é o ingrediente para um casamento duradouro, que os ajudará a comemorar as diferenças existentes.

A façanha do casamento é descobrir quem o seu cônjuge realmente é. A emoção verdadeira é descobrir em quem ele se transformará.[3]

---

1. David Augsburger, *Sustaining Love*. Ventura, CA: Regal Books, 1988, p. 38, adaptado.
2. Ibid., p. 54, 56.
3. H. Norman Wright, *The Secrets of a Lasting Marriage*. Ventura, CA: Regal Books, 1995, p. 128-29.

Seu cônjuge
é uma dádiva

*Toda boa dádiva e todo dom perfeito são lá do alto,
descendo do Pai das luzes, em quem não pode
existir variação ou sombra de mudança.*
Tiago 1.17

O casamento é uma dádiva. Você pode ser a mais bela dádiva que seu cônjuge já recebeu na vida! Seu cônjuge pode ser a mais bela dádiva que você já recebeu na vida!

Dádiva ou presente é algo escolhido com cuidado e consideração, como finalidade de proporcionar alegria e satisfação a uma pessoa, manifestando o intenso sentimento da parte de quem presenteia.

Pense no carinho e empenho que dedica ao escolher um presente. Naturalmente, fica imaginando o que a pessoa gostaria de receber. O que lhe poderia proporcionar satisfação? O que a deixaria feliz? O que poderia fazer com que aquele dia se tornasse mais alegre e animado para ela? O que demonstraria a essa pessoa a dimensão de seus sentimentos e o quanto ela significa para você? Você gasta bastante tempo pensando no presente porque deseja que seja especial e significativo. Depois, passa a visitar diversas lojas, analisando e rejeitando vários objetos até que um deles chame sua atenção e seja o escolhido. Então, passa mais algum tempo embrulhando o presente. Imagina a melhor maneira de entregá-lo para intensificar o encantamento e a satisfação da pessoa no momento de recebê-lo.

A escolha de um presente especial e o momento de oferecê-lo são empolgantes e emocionantes. Além de presentear a pessoa com um objeto, você também a está presenteando com tempo e esforço gastos na sua escolha. Geralmente, os presentes mais apreciados não são os mais caros, mas aqueles que refletem o esforço em analisar as preferências da pessoa presenteada. A maneira como você oferece o presente e o trabalho para escolhê-lo também o tornam especial.

Você é um presente para seu cônjuge. Se você se considera um presente? Quais serão suas atitudes para que seu cônjuge acredite que recebeu um presente especial? Despenderá tempo, atenção e energia com seu cônjuge? Seu cônjuge sentirá encanto e satisfação ao compreender que é especial? Como você, presente de Deus para seu cônjuge, será usado para tornar a vida dele mais animada e promissora?

Quando você recebe um presente, qual é sua reação ao ver que ele é especial e que lhe traz alegria? Pense em sua infância. Qual foi o presente mais especial e empolgante que recebeu? Você se lembra do que sentiu ao ganhá-lo? Como tratou aquele presente? Tomou algum cuidado para não estragá-lo nem perdê-lo? Talvez o tenha colocado em lugar de destaque e tomado conta dele possessivamente.

Se seu cônjuge é um presente especial para você, como cuidará dele? Terá o cuidado de dedicar-lhe toda a atenção e proteção, colocando-o em um lugar de destaque em sua vida? Seu cônjuge sentirá que é realmente um presente para você?

Oferecemos um presente a alguém como manifestação de nosso amor. Não devemos levar em conta se a pessoa é merecedora ou não. Presentear é, na verdade, um ato de benevolência.

Seu cônjuge é uma dádiva

Por que não começar agora mesmo a conversar sobre como poderão ser um verdadeiro presente um para o outro?

Vivam a sua sexualidade

Por isso, deixa o homem pai e mãe e se une à sua mulher, tornando-se os dois uma só carne. Ora, um e outro, o homem e sua mulher, estavam nus, e não se envergonhavam.
Gênesis 2.24, 25

Passemos a falar sobre sexo – finalmente! *Somos* seres sexuados. Deus nos criou dessa maneira. O sexo foi idéia dele e seu presente para nós.

Vocês dois já devem ter conversado sobre sexo. Se não, é necessário fazer isso agora. Mas já falaram com Deus sobre sexo em suas orações? Se não, leiam a oração abaixo que expressa o que a maioria dos casais sente nos dias de hoje. Talvez ela também reflita o que vocês sentem.

> Senhor, é difícil entender o que o sexo é realmente. Ele é algo que o demônio colocou no mundo para me atormentar? Ou é uma verdadeira e maravilhosa sedução? Não é nada disso, Senhor.
>
> Eu sei o que é sexo:
>
> É corpo e espírito.
>
> É paixão e ternura.
>
> É abraço apertado e gesto de carinho.

É nudez exposta e mistério muito bem guardado.

É derramar nas bodas de ouro as mesmas lágrimas de alegria derramadas na lua-de-mel.

Sexo é um olhar tranqüilo em volta do quarto, um bilhete de amor sobre o travesseiro, uma rosa colocada a mesa de manhã, gargalhadas durante a noite. Sexo é vida – não é tudo na vida, mas é envolto no significado da vida. Sexo é uma dádiva oferecida por ti, ó Deus, para enriquecer a vida, para perpetuar a espécie, para comunicar, para mostrar-me quem eu sou, para revelar meu cônjuge, para nos purificar em "uma só carne".

Senhor, algumas pessoas dizem que sexo e religião não se misturam; porém, tua Palavra diz que sexo é bom. Ajuda-me a mantê-lo assim em minha vida. Ajuda-me a ser uma pessoa aberta a respeito do sexo. Protege o mistério que ele encerra. Ajuda-me a ver que o sexo não é nem demônio, nem divindade. Ajuda-me a não me desviar para o mundo da fantasia do sexo com pessoas imaginárias; deixa-me permanecer na realidade para amar as pessoas que criaste.

Ensina-me que minha alma não deve escandalizar-se com sexo por eu ser cristão. É difícil para muitos dizer: "Obrigado, Senhor, pelo sexo!" Porque, para essas pessoas, sexo é mais um problema do que uma dádiva. Elas necessitam saber que o sexo e o evangelho podem ser ligados novamente. Elas precisam ouvir as boas novas a respeito do sexo. Mostra-me como poderei ajudá-las.

Obrigado, Senhor, por me criares como um ser sexuado. Obrigado, Senhor, por me mostrares como tratar as outras pessoas com confiança e amor. Obrigado por me deixares falar contigo sobre sexo. Obrigado porque sou livre para dizer: "Obrigado, Senhor, pelo sexo!".[1]

---

1. Harry Hollis Jr., *Thank God for Sex*. Nashville: Broadman & Holman, 1975, p. 11-12.

A palavra de Deus
e o sexo

Bebe a água da tua própria cisterna e das correntes do teu poço. Derramar-se-iam por fora as tuas fontes, e, pelas praças, os ribeiros de águas? Sejam para ti somente e não para os estranhos contigo. Seja bendito o teu manancial, e alegra-te com a mulher da tua mocidade, corça de amores e gazela graciosa. Saciem-te os seus seios em todo o tempo; e embriaga-te sempre com as suas carícias.

Provérbios 5.15-19

A Bíblia quase sempre utiliza a água como uma metáfora poderosa e eficiente para purificar, curar e rejuvenescer. Em suas páginas, encontramos belas expressões figuradas, tais como "correntezas do deserto", "água da vida" e "águas de descanso". Que imagem magnífica poderíamos fazer do ato de amor ao compará-lo com uma cisterna, um poço, uma correnteza ou um chafariz. Ela imitaria uma bebida refrescante, vinda de nossa fonte de abastecimento.

De certa forma, a vida sexual de vocês lembrará uma cisterna, na qual serão armazenados inúmeras recordações carinhosas e um repertório excitante de momentos de amor. Vocês poderão mergulhar nessa cisterna inúmeras vezes, em sua imaginação, para se deleitar com eles. Por outro lado, a prática do sexo assemelha-se a uma corrente de água ou nascente. O sexo faz com o que o casamento esteja sempre se renovando, se modificando. Heráclito, antigo filósofo grego, ao fixar seu olhar no rio, compreendeu que a vida é um processo dinâmico que nunca permanece o mesmo. Da mesma forma, vocês também podem antever infinitas mutações e renovações ao praticar sexo.

Uma vida sexual rotineira não faz parte do plano de Deus. Podem praticar sexo quatro vezes por semana nos próximos 50 anos e, mesmo assim, nunca atingirão as profundezas dessa misteriosa "corrente" sexual que é tornar-se uma só carne.

As palavras "alegra-te", "saciem-te" e "embriaga-te", no texto de Provérbios, são expressões positivas. Prazer e divertimento fazem parte do ato de amor. É importante que os cônjuges sintam prazer em estar juntos. Com criatividade, imaginação e amor sempre poderá sentir atração sexual pelo(a) companheiro(a) da juventude. Será capaz de "saciar-se" e de "embriagar-se" pelo resto da vida.

Não permitam que seu relacionamento sexual transforme-se em rotina nem que permaneça estagnado. Sejam criativos.

O sexo é uma celebração erótica! *Eros*, a palavra grega que designa amor sexual, inclui idéias de união, paixão, atração e fusão. O amor erótico está sendo malcompreendido na visão de muitas pessoas. Amor erótico significa fantasia, intuição, risos, ambiente propício e um homem e uma mulher que se sentem atraídos fisicamente um pelo outro e que gostam de estar juntos.

O livro de Cantares de Salomão contém metáforas lindas a respeito do amor erótico:

> Beija-me com os beijos de tua boca; porque melhor é o teu amor do que o vinho (1.2).

> O meu amado é meu, e eu sou dele; ele apascenta o seu rebanho entre os lírios (2.16).

Os teus dois seios são como duas crias, [...] Os teus renovos são um pomar de romãs, [...] És fonte dos jardins, poço das águas vivas... Ah! Venha o meu amado para o seu jardim e coma os seus frutos excelentes! (4.5, 13, 15, 16).

... fui tida por digna da confiança do meu amado. A vinha que me pertence está ao meu dispor... (8.10, 12).

Na lua-de-mel, leiam juntos, em voz alta, o livro. Pensando bem, leiam-no com freqüência durante o ano. Ele os ajudará a celebrar a dádiva de Deus.[1]

---

1. Douglas F. Rosenau, *A Celebration of Sex*. Nashville: Thomas Nelson, 1994, p. 21-22, adaptado.

Transmitam entusiasmo um ao outro

[O amor] tudo sofre, tudo crê, tudo espera, tudo suporta.
1 Coríntios 13.7

Alguém já lhes disse que um dos papéis do cônjuge é entusiasmar o outro como faz um chefe de torcida de uma equipe esportiva? É isso mesmo, chefe de torcida. O que faz um chefe de torcida? Talvez você já tenham sido chefe de torcida nos tempos de estudante. Agora, o time de cada um de vocês será composto de apenas uma pessoa – o seu cônjuge; e essa pessoa precisa de você para entusiasmá-la durante a vida! Todos nós temos necessidade de alguém que acredite em nós e que nos entusiasme, principalmente quando as coisas não vão bem.

Durante a Olimpíada de Inverno de 1992, um ex-esquiador olímpico, Scott Hamilton, trabalhou como comentarista de esquiação no gelo. Em certo momento, Hamilton falou sobre o relacionamento especial que teve com a mãe, que falecera pouco antes de ele conquistar a medalha olímpica de ouro:

Na primeira vez que esquiei no *U.S. Nationals*, levei cinco tombos. Minha mãe me deu um forte abraço, dizendo: "É a primeira vez que você esquia nessa equipe. Não se preocupe". Minha mãe sempre me deixou ser eu mesmo. Três anos depois, ganhei meu primeiro prêmio. Ela nunca me disse: "Você é capaz de fazer melhor", ou "Procure melhorar". Ela apenas me encorajava.

Aquela mãe soube como edificar o filho.

A palavra edificação é freqüentemente empregada no Novo Testamento referindo-se ao crescimento espiritual de uma pessoa. Nos versículos abaixo, encontramos três exemplos de edificação: (1) oferecer incentivo, (2) proporcionar força interior e (3) estabelecer a paz e a harmonia entre os povos.

> Assim, pois, seguimos as coisas da paz e também as da edificação de uns para com os outros (Romanos 14.19).

> Portanto, cada um de nós agrade ao próximo no que é bom para edificação (Romanos 15.2).

> Consolai-vos, pois, uns aos outros e edificai-vos reciprocamente, como também estais fazendo (1 Tessalonicenses 5.11).

Em 1 Coríntios 8.1, encontramos um resumo do que significa edificação: "...o amor edifica".

Anne Morrow Lindbergh sofreu uma enorme tragédia pessoal. Na época, seu marido, o famoso aviador Charles Lindbergh, era o centro das atenções. Após o seqüestro e morte de seu filho, ela também se tornou uma figura pública.[1] Eis o que ela escreveu a respeito de ser amada e de ter alguém que acreditasse nela:

> O amor intenso é, obviamente, uma enorme força emancipadora e a experiência mais comum que liberta. [...] Teoricamente, tanto o homem como a mulher libertam um ao outro para mundos novos e diferentes. Eu não fui exceção à regra. O simples fato de saber que sou amada foi uma coisa incrível

e modificou meu mundo, meus sentimentos sobre a vida e sobre mim mesma. Tornei-me alguém digna de confiança, recebi apoio e quase assumi uma nova personalidade.[2]

Você já aprendeu a libertar seu cônjuge para descobrir seu potencial que ainda não emergiu? Seu cônjuge pertence ao Senhor e Ele quer o melhor para vocês dois.

Talvez seu cônjuge necessite de um pouco mais de entusiasmo de sua parte. Talvez ele necessite que você lhe telefone ou lhe envie um bilhete: "Faça isso; você é capaz. Estou ao seu lado; acredito em você. Faça uma tentativa; estou orando por você". Essas são palavras que entusiasmam a pessoa a prosseguir. Aja sempre como um chefe de torcida, agora e depois do casamento. É bom perguntar a seu cônjuge: "Como poderei ser um chefe de torcida mais eficiente para você?"[3]

---

1. Charles R. Swindoll, *Growing Strong in the Seasons of Life*. Portland, OR: Multnomah Press, 1983, adaptado das p. 169-70.
2. Ibid., p. 170.
3. H. Norman Wright, *Quiet Times for Couples*. Eugene. OR: Harvest House Publishers, 1990, p. 36, adaptado.

Busquem coragem em Deus

Nada façais por partidarismo ou vanglória, mas por humildade, considerando cada um os outros superiores a si mesmo.
Filipenses 2.3

Para que a vida conjugal seja bem-sucedida, é imprescindível seguir as orientações da Palavra de Deus a respeito do casamento. Há casais que costumam trocar idéias sobre o significado de um determinado trecho das Escrituras e, depois, comentam como colocá-lo em prática durante a semana seguinte. Se vocês desejarem fazer o mesmo, sugerimos os seguintes trechos das Escrituras:

- Amar um ao outro (João 13.34).
- Levar a carga um do outro (Gálatas 6.2).
- Suportar um ao outro em amor (Efésios 4.2).
- Ser servo um do outro (Gálatas 5.13).
- Sujeitar-se um ao outro (Efésios 5.21).
- Ser humilde e considerar os outros superiores a vocês (Filipenses 2.3).
- Ser benigno, compassivo e perdoar um ao outro (Efésios 4.32).

- Honrar um ao outro (Romanos 12.10).

- Consolar um ao outro (1 Tessalonicenses 5.11a).

- Edificar um ao outro (1 Tessalonicenses 5.11b).

- Acolher um ao outro (Romanos 15.7).

- Admoestar um ao outro (Romanos 15.14).

- Ter igual cuidado em favor um do outro (1 Coríntios 12.25).

- Orar um pelo outro (Tiago 5.16).

A Palavra de Deus nos admoesta, reiteradas vezes, a agir de modo positivo e encorajador.

> Antes, sede uns para com os outros benignos, compassivos, perdoando-vos uns aos outros, como também Deus, em Cristo, vos perdoou (Efésios 4.32).

> Revesti-vos, pois, como eleitos de Deus, santos e amados, de ternos afetos de misericórdia, de bondade, de humildade, de mansidão, de longanimidade. Suportai-vos uns aos outros, perdoai-vos mutuamente, caso alguém tenha motivo de queixa contra outrem. Assim como o Senhor vos perdoou, assim também perdoai vós (Colossenses 3.12,13).

Há muito tempo, li uma notícia a respeito de uma aeronave de pequeno porte que havia desaparecido. A esposa do piloto chamou as autoridades locais para contar-lhes que seu marido partira em um vôo na véspera e que não havia retornado. A primeira pergunta foi: "Ele registrou o itinerário do vôo?". Isso porque, sem o registro do itinerário de vôo, a equipe de salvamento não teria como ajudar. Não seria possível determinar o rumo que o piloto planejou tomar nem estabelecer uma estratégia de busca e salvamento.

Os pilotos geralmente registram o itinerário do vôo com a finalidade de ajudá-los a seguir o rumo certo e a manter outros informados a respeito do destino da aeronave. O mesmo acontece com o casamento. É necessário registrar um itinerário para eliminar a possibilidade de riscos durante a jornada conjugal. É certo que vocês enfrentarão turbulências ocasionais. Sem um piloto automático, correrão o risco de desviar-se da rota, se não mantiverem os olhos fixos na bússola e as mãos sempre firmes no comando da aeronave.

Vocês são capazes de imaginar como vão ser as atitudes e comportamentos no seio de sua família, se usarem desde já as Escrituras como itinerário de vôo e bússola? Se colocarem em prática as palavras de encorajamento contidas nas Escrituras, estarão ajudando a consolidar seu casamento.

Quem é o responsável?

...para que concordemente e a uma voz glorifiqueis ao Deus e Pai de nosso Senhor Jesus Cristo.
Romanos 15.6

Poder! Autoridade! Mais poder! Mais autoridade! Nações desejam o poder, empresas lutam por poder, políticos almejam o poder, grupos de interesse buscam o poder. Parece que o mundo inteiro está determinado a adquirir mais poder e mais autoridade. Os casamentos não estão imunes a essa sede insaciável. A luta pelo poder é a maior causa de conflitos no casamento. São inúmeros os assuntos que provocam discussão entre os casais, mas por trás da maioria de muitos está a luta pelo poder.

Os dicionários oferecem uma variedade de definições para a palavra "poder", tais como dispor de força e autoridade ou ter influência sobre as outras pessoas. O dicionário inglês *Oxford* define autoridade como "poder ou direito de exigir obediência [...] direito de dar ordens ou de ter a última palavra". No casamento, quando o marido ou a mulher exerce poder sobre o cônjuge, ele ou ela tem mais autoridade e toma a maioria das decisões! A outra pessoa sente-se inferior, dependente, ofendida, negligenciada, oprimida e passa a demonstrar desânimo, raiva e ressentimento.

Há alguns anos, criamos cães da raça *sheltie* em nossa casa. O *sheltie* é semelhante a um *collie* em miniatura e muito inteligente – até começar a disputar poder com outro cão. Cada um puxa a toalha para seu lado e nenhum deles consegue vencer. Ficam exaustos de tanto puxar a toalha, tentando arrancá-la do outro. Se fossem inteligentes de verdade, saberiam que esse procedimento não funciona. Se um deles parasse de puxar a toalha, faria o outro perder o equilíbrio e soltar a toalha, e o mais esperto correria e ficaria com ela.

Se você permitir que Jesus Cristo seja o seu Senhor, o Senhor de seu cônjuge e de seu casamento, a vida conjugal de vocês será engrandecida e enriquecida. Pensem nestas possibilidades:

> Jesus, como Senhor de seu casamento, liberta cada um de vocês do fardo de "ser dono" do outro. Faz parte de nossa natureza pecadora querer exercer controle sobre outras pessoas, em lugar de nos sacrificarmos para servi-las. Contudo, quando nos submetemos ao Senhor Jesus Cristo, a rivalidade transforma-se em empatia amorosa.

> Quando nos sujeitamos ao domínio de Jesus Cristo, tornamo-nos alunos e professores um do outro. Jesus abre nosso coração e nos capacita a aprender mutuamente.

> O marido e a mulher que têm Jesus como seu Senhor sabem que Ele é autoridade suprema e não insistem em "brincar de ser Deus" na vida dos filhos. Quando sentimos que temos autoridade absoluta sobre nossos filhos, perdemos a capacidade de aprender com eles.

> O marido e a mulher que têm Jesus como seu Senhor encontram nele um comandante supremo nos momentos de tomar decisões importantes.

Quem é o responsável?

Quando nos voltamos para o nosso Senhor Jesus Cristo e abrimos o coração para que seu Espírito nos dirija, nossa mente é invadida por uma nova sucessão de fatos: fatos novos, fatos gravados na memória e fatos já esquecidos.

Quando Jesus é o Senhor de nosso casamento. Ele impede que nos idolatremos mutuamente e que esperemos encontrar perfeição um no outro. Ele nos capacita a reconhecer a natureza humana de nosso cônjuge e a carregar a carga um do outro. Assim estaremos cumprindo a lei de Cristo.[1]

O que você tem a dizer a seu futuro cônjuge depois de ter lido isso?

---

1. Wayne Oates, Husbands and Wives with Jesus as Lord. In Howard e Jeanne Hendricks, *Husbands and Wives*. Wheaton, IL: Victor Books, 1988, p. 157-59.

O que vocês colecionarão?

Longe de vós, toda amargura, e cólera, e ira, e gritaria, e blasfêmias, e bem assim toda malícia. Antes, sede uns para com os outros benignos, compassivos, perdoando-vos uns aos outros, como também Deus, em Cristo, vos perdoou.
Efésios 4.31, 32

Vocês já tiveram a oportunidade de visitar o Grand Tetons – as imponentes montanhas que se elevam a milhares de metros da Gruta de Jackson, seus arredores coberto de neve durante o ano inteiro, como se fossem os Alpes suíços? Joyce e eu visitamos dezenas de vezes aquela região. É nosso lugar predileto para reabastecer as forças e apreciar a magnífica obra de Deus. Lá pescamos, caminhamos por trilhas e lugares pouco explorados, nadamos no Rio das Cobras e chapinhamos vários riachos à procura de uma linda truta daquela região.

Certa manhã, Joyce e eu colocamos nossas mochilas nas costas e começamos a subir a trilha rumo ao Lago Bradley. Subimos 3.200 metros caminhando pelas escarpas das montanhas e, quando lá chegamos, estávamos revigorados e sem cansaço. Havíamos carregado pouca coisa conosco para que o peso de nossas mochilas não se tornasse um fardo incômodo. Nosso objetivo era caminhar animadamente e ter forças para desfrutar o passeio. Chegamos ao destino por volta de nove horas da manhã. Abandonamos a trilha, caminhamos pela relva úmida e embrenhamo-nos numa pequena floresta. Quando saímos do outro lado, percorremos um terreno plano junto ao lago até um banco de areia. Descarregamos as mochilas, retiramos os casacos, preparamos os equipamentos de pesca e pusemos mãos à obra. Eu deixei que a linha ficasse à deriva numa pequena correnteza na enseada do lago; a força natural da correnteza puxou a linha. Poucos segundos depois, percebi um movimento brusco na vara de pescar. A batalha havia começado. Joyce estava tão empolgada quanto eu. Em seguida, vimos uma truta marrom-avermelhada, de pouco mais de quarenta centímetros, saindo das águas límpidas do lago.

A pesca daquela truta foi apenas o início de uma esplêndida manhã para nós dois. Seguimos pela floresta e campinas, passamos por cima de árvores tombadas, arrastamo-nos com dificuldade pelas margens do lago e caminhamos dentro de suas águas rasas. Durante esse percurso, vimos inúmeras pedras e pedaços de madeira flutuante que gostaríamos de levar conosco. Começamos a catar algumas pedras e pedaços de madeira incomuns. O tempo foi passando e, de repente, percebebos que nosso passeio nos levara a maravilhosos lugares a serem explorados. Nossas mochilas não tinham espaço suficiente para acomodar tudo o que estávamos pretendendo levar. Imaginamos como ficaríamos exaustos por ter de carregar tudo aquilo até o automóvel. Tomamos então uma decisão sábia: colocamos tudo de volta. As pedras e a madeira pertenciam àquele lugar e não a nós.

Nosso passeio de volta para as margens do lago foi agradável, sem uma carga incômoda a ser transportada. Havíamos apanhado algo que imaginávamos ser necessário para nós. Deveríamos ter pensado no peso do material que estávamos recolhendo, e que esse fardo recairia sobre nossos ombros.

O que vocês colecionarão?

Com isso, deixaríamos de apreciar a beleza do céu e das flores e o vento suave soprando nos pinheiros e álamos. Foi um dia inesquecível.

Muitos indivíduos e casais carregam um peso desnecessário deixando de viver a vida em toda sua plenitude. Alguns são colecionadores. Colecionam excesso de bagagem emocional que funciona como uma âncora, prejudicando o progresso e o sentido da vida.

Uns colecionam refugos. Outros colecionam selos. Alguns colecionam discos e peças de arte. E há, ainda, os que colecionam mágoas!

Grande parte das mágoas que sofremos nunca foram merecidas. Durante os conflitos entre marido e mulher – inevitáveis para vocês – há uma troca de palavras que penetram fundo e, às vezes, modificam o cônjuge. Algumas são como flechas: penetram na vítima e, quando a haste é retirada, a ponta permanece para infeccionar e manter a ferida viva. Se vocês já viveram situações semelhantes por um motivo qualquer, estou certo de gostariam de extirpar essa mágoa de sua vida.

Mas vocês *podem* extirpar todas as mágoas, tanto as passadas como as futuras. De que modo? Por meio da graça de Deus. Ele ajudará cada um de vocês a se libertar dessas mágoas para que seu casamento tenha o sucesso que ambos desejam.

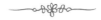

Como orar por seu casamento

Melhor é serem dois do que um (...) Se alguém quiser prevalecer contra um, os dois lhe resistirão.
Eclesiastes 4.9, 12

Orar pelo cônjuge e pelo casamento é de suma importância. Talvez o caminho mais sensato seja orar para que se cumpra a vontade de Deus em seu casamento. A melhor maneira de fazer isso é pegar a Palavra de Deus e, verdadeiramente inspirados por ela, orar por vocês e por seu casamento. Os versículos abaixo mostram como isso pode ser feito. O resto ficará por conta de vocês, à medida que forem lendo as Escrituras, diariamente.

> Oro para que sejamos prontos para ouvir, tardios para falar, tardios para nos irar. Porque a ira do homem não produz a justiça de Deus (Tiago 1.19, 20).

> Oro para que sempre amemos o Senhor nosso Deus de todo o nosso coração, de toda a nossa alma, de todo o nosso entendimento e toda a nossa força, e que amemos o nosso próximo como a nós mesmos (Marcos 12.30, 31).

Oro para que quando passarmos pelas águas, estejas conosco; quando passarmos pelos rios, não sejamos submersos por eles; quando passarmos pelo fogo, ele não nos queime, nem sua chama arda em nós (Isaías 43.2).

Oro para que sempre nos lembremos de que a fé é a certeza de coisas que se esperam, a convicção de fatos que se não vêem (Hebreus 11.1).

Oro para trazermos todos os dízimos à casa do tesouro para que haja mantimento em tua casa. E que te coloquemos à prova, Senhor dos Exércitos, para constatarmos que nos abrirás as janelas do céu e derramarás sobre nós bênção sem medida (Malaquias 3.10).

Oro para que não cessemos de falar deste livro da lei; antes, meditemos nele dia e noite, para que tenhamos cuidado de fazer segundo tudo quanto nele está escrito; então, farás prosperar o nosso caminho e seremos bem-sucedidos (Josué 1.8).

Oro para que apresentemos nosso corpo por sacrifício vivo, santo e agradável a ti, Senhor (Romanos 12.1).

Oro para que não nos conformemos com este século, mas que sejamos transformados pela renovação da nossa mente, para que experimentemos qual seja a boa, agradável e perfeita vontade de Deus (Romanos 12.2).

Oro para que amemos os teus mandamentos, Jesus, e para que os guardemos, como aqueles que te amam. E, por sermos como aqueles que te amam, seremos amados por teu Pai, e Tu também nos amarás e nos manifestarás a Ele (João 14.21).

Oro, Jesus, para que seguindo o teu mandamento, amemo-nos um ao outro, assim como Tu nos amaste (João 15.12).

Oro para que sempre compreendamos o significado da pergunta: "Andarão dois juntos, se não houver entre eles acordo?" (Amós 3.3).

Oro para que o fruto do Espírito em nós dois seja amor, alegria, paz, longanimidade, benignidade, bondade, fidelidade, mansidão, domínio próprio (Gálatas 5.22, 23).

Oro para que não nos esqueçamos de ti, Senhor nosso Deus, deixando de cumprir os teus mandamentos, os teus juízos e os teus estatutos, que hoje nos ordenas. Oro para que nos lembremos de ti, Senhor nosso Deus, porque Tu nos dás força para adquirirmos riqueza (Deuteronômio 8.11, 18).[1]

---

1. Lee Roberts, *Praying God's Will for My Marriage.* Nashville: Thomas Nelson Publishers, 1994, p. 1, 9, 19, 28, 115, 162, 227, 267.

Evitem "garantias" em seu casamento

O principal ponto positivo em seu casamento é nunca tornar-se complacente nem assumir que a situação está definitivamente assegurada. Tenho um amigo que comentou esse conceito da seguinte maneira:

> As pessoas casadas há muitos anos tendem a imaginar que a situação nunca se modificará. As frases mais comuns são:
>
> - Você sempre estará aqui a meu lado.
> - Você sempre me amará.
> - Você sempre será capaz de suprir minhas necessidades.
> - Você sempre será a mesma pessoa.
> - Estaremos sempre juntos.

Fazer suposições como essas num casamento é viver mais na fantasia do que na realidade. As pessoas que supõem que tudo está garantido raramente apreciam as bênçãos diárias recebidas.

Depois de certo tempo, passam a acreditar que a vida lhes deve essas pequenas dádivas. Raramente agradecem o que recebem.

Quando fingimos que uma pessoa estará sempre conosco, estamos humilhando-a. Transmitimos a seguinte mensagem: "Você tem pouco valor para mim". Roubamos o dom que ela tem de ser reconhecida como ser humano. Amar e ser reconhecido é a razão que nos faz viver todos os dias. Quando isso não existe ou nos é recusado durante muito tempo, nosso espírito murcha e morre. Há pessoas que suportam esse sofrimento e que permanecem casadas para sempre, mas elas estão apenas cumprindo uma pena. Nos casamentos de longa duração, em que um ou ambos os cônjuges são considerados "patrimônios garantidos", levanta-se uma parede de indiferença entre o marido e a mulher. Quanto mais longo for o casamento, mais alta será a parede e maior será o isolamento entre ambos. A saída para esse drama é simples, porém crucial.

Comecem a agradecer e a demonstrar consideração por tudo o que o outro fizer.

Sejam mais conscientes do que se passa ao redor.

Tornem-se mais altruístas e adotem posturas mais positivas.

Coloquem em prática as pequenas coisas que significam muito: tragam flores um para o outro, façam longos passeios no campo, deitem-se no chão defronte à lareira, sirvam o café-da-manhã na cama para o cônjuge, fiquem de mãos dadas em público e caminhem na chuva, enviem ao cônjuge, pelo correio, cartões com mensagens engraçadas, comprem presentes um para outro sem nenhum motivo aparente.

Lembrem-se: "Um casamento que já dura 35 anos não significa que durará 36. Não assumam a situação como garantida, porque a garantia é válida apenas para hoje".[1]

Tenham em mente que num casamento feliz...

- você se preocupa com o "número 2" e não com o número 1.

- você transmite energia ao cônjuge em vez de exaurir a energia dele.
- você elimina do casamento a repreensão e a humilhação.
- você quer aprender com o cônjuge.
- você termina as desavenças com um sentimento de determinação.
- você se sente melhor após uma desavença.[2]

Esses são apenas alguns pontos positivos que manterão seu casamento vivo.

---

1. Jim Smoke, *Facing 50*. Nashville: Thomas Nelson Publishers, 1994, p. 40-41.
2. Paul Pearsall, *The Ten Laws of Lasting Love*. New York: Simon & Schuster, 1993, p. 298-99, adaptado.

Respeitem-se mutuamente

Não obstante, vós, cada um de per si também ame a própria esposa como a si mesmo, e a esposa respeite ao marido.
Efésios 5.33

Certo comediante costumava dizer: "Ninguém me respeita". Ríamos dele, mas quantas pessoas sabem, de fato, o que é respeito? Os dicionários dizem que "respeitar" significa sentir ou demonstrar reverência ou apreço por outra pessoa, tê-la em alta conta, tratá-la com deferência e demonstrar consideração por ela. No casamento, respeitar significa observar peculiaridades no cônjuge que ninguém mais percebe. A Palavra de Deus diz que devemos amar uns aos outros como a nós mesmos e respeitar uns aos outros.

Haverá respeito em seu casamento? Isso faz parte de nossa condição de crentes. O versículo das Escrituras para hoje instrui o marido e a mulher a se tratarem com respeito mútuo. O que isso significa no casamento? Significa guiar espiritualmente o cônjuge, ouvindo-o com atenção, abraçando-o com amor, pensando e agindo com docilidade e demonstrando um espírito benevolente. Significa contemplar erros e diferenças do passado e enxergar forças e semelhanças. Significa compartilhar preocupações ao invés de tentar carregar a carga sozinho.

Analisem as perguntas abaixo enquanto avaliam o respeito que têm entre si, agora, e o que terão no futuro:

- Em uma situação, tensão, eu desconsidero meu cônjuge quando ele tem um ponto de vista diferente do meu?

- Quando penso que meu cônjuge está errado, digo-lhe palavras ofensivas e ásperas, na tentativa de colocá-lo em seu devido lugar?

- Ao procurar convencer meu cônjuge sobre um determinado assunto, tento persuadi-lo gentilmente ou demonstro teimosia e autoridade?

- Sinto tanta necessidade de estar certo que tento pressionar meu cônjuge para que aceite minhas idéias? Intimido meu cônjuge?

- Interrompo os pensamentos de meu cônjuge quando ele demora muito tempo para responder?

- Repreendo meu cônjuge em público ou o ridicularizo para que ele fique magoado?

- Irrito-me porque o modo de pensar ou de comunicar de meu cônjuge é diferente do meu?[1]

Sim, essas perguntas interferem na vida conjugal. Mas, ao respondê-las, vocês estarão dando um grande passo para construir um casamento baseado no respeito mútuo. Conforme afirmou um autor, o respeito começa quando "aprendemos a ouvir com atenção, em vez de hostilizar; a falar com franqueza, em vez de demonstrar ressentimento; a ter flexibilidade, em vez de rigidez; a repreender com amor, em vez de coagir com aspereza; a encorajar, em vez de intimidar".[2]

Respeitem-se mutuamente

O verdadeiro respeito gera espaço para que seu cônjuge desenvolva sua individualidade e potencial. Gera espaço, em vez de restringir a liberdade. Como será tratada a questão do respeito em seu casamento?

---

1. Judith C. Lechman, Love as Respect. In Howard e Jeanne Hendricks, *Husbands and Wives*. Wheaton, IL: Victor Books, 1988, p. 47.
2. Ibid., p. 46-7, adaptado.

Um Deus imutável

*Porque eu, o Senhor, não mudo; por isso vós,
ó filhos de Jacó, não sois consumidos.
Malaquias 3: 6*

Vivemos num mundo repleto de mudanças que acontecem cada vez com maior rapidez. Há apenas uma coisa que não muda e não mudará nunca: Deus. Toda transformação tem uma finalidade: pode ser para melhor ou para pior. Contudo, é impossível que Deus mude. O que isso significa realmente?

A vida de Deus não muda. Todas as coisas criadas têm um começo e um fim, mas Deus não. Ele é eterno. Ele sempre existiu. Ele não envelhece. Ele não se torna mais sábio, mais forte ou mais fraco. Ele não muda para melhor. Ele é sempre o mesmo.

> Eles perecerão, mas tu permaneces; todos eles envelhecerão como um vestido, como roupa os mudarás, e serão mudados (Salmos 102.26).

> Dá-me ouvidos, ó Jacó, e tu, ó Israel, a quem chamei; eu sou o mesmo, sou o primeiro e também o último (Isaías 48.12).

O *caráter* de Deus não muda. Ele não se torna menos ou mais sincero, misericordioso e bondoso do que já foi ou é.

Tiago fala da bondade, santidade e generosidade de Deus para com os homens. Ele fala a respeito de Deus como um ser no qual "não pode existir variação ou sombra de mudança" (Tiago 1.17).

A *verdade* de Deus não muda. Ele não precisa voltar atrás em qualquer coisa que tenha dito. Deus mantém até agora as promessas de sua Palavra.

Os *propósitos* de Deus não mudam. O que Deus faz no contexto do tempo, Ele planejou desde a eternidade. Tudo o que Ele prometeu em sua Palavra será cumprido.

Uma das características de Deus é a sua imutabilidade. Precisamos orar de acordo com seu caráter. Passemos a considerar algumas peculiaridades do caráter de Deus e o que significam em relação às nossas orações:

> Deus é santo e, portanto, nunca devemos orar por algo que venha a comprometer a sua santidade ou que seja pecaminoso para nós (Salmos 99.9; Isaías 6.3; Apocalipse 15.4).

> Deus é amor, e nossas orações devem invocar o amor de Deus para outras pessoas e refletir o amor de Deus em nossas atitudes (Jeremias 31.3; João 3.16; Romanos 5.8).

> Deus é bom, e o efeito de nossas orações deve trazer bondade à vida de todas as pessoas pelas quais oramos (Salmos 25.8; 33.5; 34.8; Naum 1.7; Mateus 19.17; Romanos 2.4).

> Deus é misericordioso, e nossas orações devem refletir que recebemos sua misericórdia e que também desejamos ser misericordiosos (Salmos 108.4; Lamentações 3.22; Joel 2.13).

> Deus é zeloso, e não devemos ousar pedir algo que venha a se colocar acima de Deus em nosso

coração (Êxodo 20.5; Deuteronômio 4.24; 1 Coríntios 10.22).

Deus é justo, e não devemos esperar que Ele atenda um pedido nosso que seja injusto ou que cause injustiça a outra pessoa (Salmos 103.6; Sofonias 3.5; João 5.30; Romanos 2.2).

Deus é longânimo, e, em nossas orações ou enquanto aguardamos respostas, nunca devemos demonstrar impaciência para com Ele, que é tão paciente conosco (Isaías 48.9; Romanos 9.22; 1 Pedro 3.20).

Deus é verdadeiro, e em nossas orações nunca devemos procurar mudar nem dissimular a verdade (Deuteronômio 32.4, Romanos 3.4; Hebreus 6.18).[1]

Passem alguns momentos conversando sobre como essas características de Deus exercerão influência em suas orações, principalmente depois do casamento.

---

1. Bill Austin, *How to Get What You Pray For*. Wheaton, IL: Tyndale House Publishers, 1984, p. 63.

À imagem de Deus

Também disse Deus: Façamos o homem à nossa imagem.
Gênesis 1.26

Um dia, talvez em breve, vocês estarão participando da cerimônia do casamento. Um de vocês estará de pé, diante dos convidados na igreja, observando uma pessoa especial caminhar em sua direção ou, então, será você a pessoa que estará caminhando entre os bancos da igreja. Talvez sintam-se impassíveis, calmos e controlados ou sintam um frio no estômago. Devem ter gasto horas para estar com uma aparência impecável. Desejam causar boa impressão naquele dia. Querem que os convidados se lembrem de vocês da forma como se apresentaram naquele dia.

Quem é aquela pessoa com quem seu noivo(a) está casando? Quem é você realmente? Quem é aquela pessoa com quem você vai passar o resto da vida? Você conhece bem a si mesmo e a pessoa com que vai se casar?

Essas são perguntas elementares para as quais temos a certeza de saber as respostas. Se alguém lhe perguntasse quem é você desconsiderando qualquer referência a seu trabalho ou ocupação, seria capaz de responder? É um exercício estressante para muita gente!

Às vezes, nossa identidade está completamente imbricada naquilo que criamos ou produzimos. Outras pessoas embutem a identidade em sua condição social ou na aparência. Porém, Deus tem uma perspectiva diferente. O salmista disse: "Quando contemplo os teus céus, obra dos teus dedos, e a lua e as estrelas que estabeleceste, que é o homem, que dele te lembres? [...] Fizeste-o, no entanto, por um pouco, menor do que Deus e de glória e de honra o coroaste. Deste-lhe domínio sobre as obras da tua mão e sob seus pés tudo lhe puseste" (Salmos 8.3-6).

Deus não utiliza critérios humanos. Ele simplesmente declara que você é alguém especial.

Por que os seres humanos têm tanto valor? A resposta está em Gênesis 1.26, 27. Leiam esses versículos juntos em voz alta. Temos essa glória e majestade porque foi assim que Deus nos criou. Deus nos concedeu vida, significado, finalidade e sua presença para nos conduzir durante a vida. Nós não conquistamos essa situação. Não a conquistamos nem a compramos; é uma dádiva da qual não somos merecedores.

O que tudo isso tem a ver com seu casamento? Olhe para seu futuro cônjuge neste momento. Você não vai viver apenas com uma pessoa com quem se casou, mas também com alguém que Deus criou. Ele soprou vida nessa pessoa. É sua a responsabilidade de cuidar dela com o maior carinho; enquanto você estiver fazendo isso, seus sentimentos de respeito e de amor para com ela se tornarão mais positivos. As mudanças que acontecerem como resultado dessa reação positiva terão efeito positivo sobre a personalidade de vocês dois.

Tente compreender seu futuro cônjuge e a si próprio por meio dos olhos de Deus. Lembre-se de quem você é. Lembre-se de quem seu futuro cônjuge é. Vocês dois refletem a imagem de Deus. Se tiverem filhos, eles também refletirão a imagem de Deus. A compreensão desse fato poderá influenciar nosso modo de pensar a respeito da outra pessoa e ajudará a modificar seu comportamento. Tal efeito positivo fará com que seu esforço para se entenderem mutuamente valha a pena.[1]

---

1. H. Norman Wright, *Quiet Times for Couples*. Eugene, OR: Harvest House Publishers, 1990, p. 323, adaptado.

Qual é a idéia
que vocês têm de Deus?

*Como o vaso que o oleiro fazia de barro se lhe estragou na mão,
tornou a fazer dele outro vaso, segundo bem lhe pareceu.*
Jeremias 18.4

Qual é sua ideia a respeito de Deus? E como seu futuro cônjuge descreve Deus? Vocês já conversaram sobre a opinião que ambos têm a respeito de Deus e de como Ele é? Às vezes, imaginamos Deus igual a nós ou a nossos pais. Se, quando você era criança, seu pai era um homem indiferente, impessoal e despreocupado, que não lhe dava atenção, você talvez imagine que Deus tenha as mesmas características.

Se seu pai era um homem agressivo e desumano que maltratou e abusou de você, sua imagem de Deus talvez seja essa. Se seu pai parecia um militar enérgico e exigia muito de você sem nunca demonstrar satisfação, ou se espumava de raiva e nunca perdoava seus erros, é provável que, em sua mente, Deus tenha essa imagem.

Se seu pai era um homem fraco e não podia depender dele para nada, talvez imagine que Deus também seja fraco. Se seu pai era um homem exageradamente crítico, que o(a) repreendia constantemente ou que não acreditava em você e em sua capacidade e não o(a) incentivava, provavelmente imagine que Deus age dessa mesma forma.

Analise as características positivas de um pai. Reflita sobre como tais qualidades – se é que elas existiram em seu pai – exerceram influência positiva na idéia que você tem de Deus. Se seu pai era paciente, você tende a considerar Deus como um ser paciente e atencioso. Acha que merece o tempo e a preocupação que Deus lhe dedica. Se seu pai era bondoso, você, provavelmente, imagina que Deus também age com bondade e benignidade em seu favor. Acredita merecer a ajuda e a intervenção de Deus em sua vida.

Se seu pai era um homem prestativo, talvez você imagine Deus como alguém que está sempre pronto a lhe prestar ajuda. Acredita que merece o apoio e o incentivo de Deus. Acredita que Deus lhe dará o melhor, e sua reação é dar o melhor de si para as outras pessoas.

Se seu pai o(a) aceitava, você tende a achar que Deus também o(a) aceita, independentemente de seu modo de agir. Deus não o(a) abandona nem o(a) rejeita quando você luta, mas o (a) compreende e incentiva. Se seu pai o(a) protegia, talvez você imagine Deus o protetor de sua vida. Acredita que merece estar sob seus cuidados e descansar em sua segurança.

Embora talvez pensemos assim, não podemos basear a idéia que temos de Deus e o que sentimos a respeito de nós mesmos na maneira como fomos tratados por nossos pais. Os pais e as mães são criaturas humanas e falíveis – e alguns exageram nisso! Devemos eliminar de nossa mente as emoções e opiniões baseadas em experiências durante a infância e substituí-las pelos ensinamentos das Escrituras a respeito de Deus.[1]

É necessário ter uma idéia correta a respeito de Deus para o seu bem e para o bem de seu casamento.

---

1. H. Norman Wright, *Always Daddy's Girl*, Ventura, CA: Regal Books, 1989, p. 194-96, adaptado.

O que é Perdão?

Suportai-vos uns aos outros, perdoai-vos mutuamente, caso alguém tenha motivo de queixa contra outrem. Assim como o Senhor vos perdoou, assim também perdoai vós.
Colossenses 3.13

Inúmeros casamentos desgastam-se pouco a pouco, até ser destruídos, porque um dos cônjuges é incapaz de perdoar. Uma pessoa que traz constantemente à tona algo ofensivo que o cônjuge disse ou fez no passado continua a puni-lo e constrói uma barreira de indiferença e frieza na vida conjugal.

Se cremos que Jesus Cristo é nosso Salvador, já experimentamos o perdão de Deus. Pelo fato de estarmos em Cristo, temos a capacidade de perdoar a nós mesmos e, por conseguinte, de perdoar as outras pessoas.

Perdoar não é esquecer. Fomos criados por Deus de tal maneira que nosso cérebro assemelha-se a um computador gigantesco. Tudo o que nos aconteceu está armazenado na memória. A lembrança estará sempre com você. Todavia, existem duas maneiras diferentes de lembrar. Uma é recordar a ofensa ou mágoa de tal forma que ela continua a nos prejudicar e a prejudicar também nossa vida conjugal. Ela continua a nos corroer e aborrecer, e não sai de nossa mente. Outra maneira de lembrar é dizer simplesmente: "Sim, aconteceu. Sei que aconteceu, mas isso não me prejudica mais. É um fato verdadeiro, contudo não tem mais nenhum significado emocional ou efeito sobre mim. O fato existe, mas estamos prosseguindo e não me sinto tolhido. Meu casamento não foi prejudicado por isso". Em certo sentido, isso significa perdoar. O fato permanece, mas não nos enreda em seus tentáculos na tentativa de nos dominar.

Perdoar não é fingir. Não podemos ignorar que o fato aconteceu. Desejar que nunca tivesse acontecido não fará com que ele não tenha ocorrido. O que foi feito está feito. Transformar-se em mártir e fingir ignorar o fato só prejudicará o casamento. Na verdade, se não enfrentarmos a situação e não procurarmos uma reconciliação, a outra pessoa talvez se sinta disposta a continuar ou a repetir o mesmo ato, mantendo seu comportamento.

Perdoar não é um ato emocional. É uma ação proposital e lógica de nossa parte. O fato não se apagará de nossa memória para sempre mediante uma reação emocional.

O perdão é concedido quando o amor aceita – deliberadamente – as mágoas e os desgastes da vida e elimina todas as acusações contra alguém. Perdoar é aceitar o outro mesmo sabendo que ela agiu de forma inaceitável.

Perdoar é dar um sorriso de amor silencioso ao cônjuge e engolir as palavras de insulto que estavam na ponta da língua. Não porque temos o dever de fazer isso para manter a paz, mas porque desejamos fazer as pazes.

Perdoar não é impor uma condição para que a outra pessoa seja aceita por nós. O perdão é concedido livremente, sem idéias preconcebidas; o perdoador precisa lembrar de perdoar diariamente.

O perdão coloca em ação o poder de Deus para amarmos e recebermos a outra pessoa sem qualquer garantia de que ela nos indenizará ou reparará o mal que nos fez.

O que é perdão?

O perdão é uma afinidade entre duas pessoas iguais que necessitam uma da outra e compartilham suas necessidades. Um necessita do perdão do outro. Um necessita ser aceito pelo outro. Um necessita do outro. E então, perante Deus, ambos procuram apagar de sua memória todas as acusações, recusam todas as autojustificativas e perdoam. E perdoam. Setenta vezes sete. Conforme Jesus disse.[1]

---

1. David Augsburger, *Cherishable: Love and Marriage*. Scottdale, PA: Herald Press, 1976, p. 146.

Corpos perfeitos?
Algum dia...

E, assim como trouxemos a imagem do que é terreno,
devemos trazer também a imagem do celestial.
1 Coríntios 15.49

Você se lembra da primeira vez que viu seu futuro cônjuge? Traga essa imagem de volta à mente. Onde vocês estavam? Que roupa ele estava usando? Qual foi sua primeira impressão e reação sobre a aparência dele? Isso varia, você sabe. Algumas pessoas, imediatamente após terem visto a outra pela primeira vez, dizem: "Que maravilha! É o meu tipo ideal. Adorei!". São atraídas pela aparência física. Outras são mais discretas. E há aquelas que dão pouca importância ao aspecto físico (ou assim dizem).

No entanto, todo mundo sente-se atraído pelo visual. É importante gostar do que vê. Tenha em mente que o visual de hoje poderá ser um pouco diferente com o passar dos anos. Poderá haver alguns quilos a mais, óculos, aparelhos auditivos, manchas na pele, quilos a menos e cabelos a menos. Você aprenderá a empregar todos os recusos disponíveis para manter sua aparência original.

Olhe para seu futuro cônjuge. Observe suas características físicas. O que você vê? Neste momento, você ainda está admirando seu aspecto físico. Maquiagem, apliques no cabelo e roupas com enchimentos, tudo isso ajuda a disfarçar defeitos físicos.

Você nunca será uma criatura com um físico perfeito nesta vida, nem seu futuro cônjuge. É necessário aceitar esse fato. Pode até passar horas numa academia de ginástica – o que é muito bom –, mas isso não impedirá o surgimento de algumas imperfeições nem de manchas na pele. O mesmo acontecerá com seu futuro cônjuge. Por essa razão, será necessário praticar uma boa dose de aceitação no casamento. Nenhum de nós será sempre o deus grego que nosso cônjuge vê agora... mas isso é natural. Estamos todos no mesmo barco. O valor e o mérito que temos não está baseado nas aparências – ou não deveria estar. Se estiver, corremos grande riscos. Além de estar à mercê de outras pessoas, estamos também nos colocando contra a parede na tentativa de tornar perfeito o que não é assim.

No que se refere ao nosso corpo, podemos ficar tranqüilos. Chegará o dia em que ele *será* perfeito. Na eternidade, todos teremos um novo corpo. Seremos transformados; também não precisaremos mais nos preocupar com nossa aparência. Interiormente, você já é uma nova pessoa em Cristo. O processo de restauração já começou por dentro. Quando estiver frente a frente com Jesus Cristo, a transformação será completa.

Olhe para seu corpo. Olhe para o corpo de seu futuro cônjuge. Digam um ao outro:

– É natural ser fisicamente incompleto agora. É tudo uma questão de tempo. Fomos criados à imagem de Deus e nossos corpos físicos serão transformados quando morrermos.

O plano de Deus é que cada um de nós tenha um corpo glorificado. A questão é que seu tempo é um pouco diferente do nosso![1]

---

1. H. Norman Wright, *Quiet Times for Couples*. Eugene, OR: Harvest House Publishers, 1990, p. 275, adaptado.

O tempo

*Revesti-vos, pois, como eleitos de Deus, santos e amados,
de ternos afetos de misericórdia, de bondade,
de humildade, de mansidão, de longanimidade.*
Colossenses 3.12

O tempo é um bem precioso para todos nós. Contudo, freqüentemente admitimos que o tempo a ser passado com nosso cônjuge está garantido.

"É uma questão de tempo." "Aproveite o tempo." "Não tenho tempo." "O tempo passa rapidamente." Essas e outras frases fazem parte de nossas conversas diárias. Vivemos em função do tempo. A medição do tempo evoluiu e transformou-se em símbolo de posição social, haja vista os caríssimos relógios de grife. Nossa vida é regulada pelo relógio. O tema de uma canção de casamento reflete isso: "Tomara que eu chegue a tempo na igreja".

A noção de tempo é diferente entre as pessoas. Algumas parecem ter um mecanismo embutido e sabem dizer que horas são, sem precisar consultar o relógio. Algumas são pontuais ao extremo, ao passo que outras nem sabem o que significa pontualidade. Algumas acreditam que um evento nunca começará antes que elas cheguem, por mais atrasadas que estejam. Algumas foram criadas com um motor rápido; outras, com um motor lento. Algumas vivem como se fossem guiadas por um cronômetro; outras, como se fossem guiadas por um relógio solar. Reflitam sobre o tempo por alguns momentos, de acordo com as idéias abaixo.

Vocês utilizarão o tempo de forma que ele seja uma bênção em seu casamento? Por exemplo, agradecerão a Deus o fato de Ele lhes conceder tempo todos os dias para viver como marido e mulher? Afinal de contas, o tempo é a matéria-prima indispensável no casamento. Acordam de manhã e lá estão elas, as 24horas preciosas para serem gastas como quiserem. Vão se amar como se fosse o último dia para desfrutar a dádiva do tempo? O que vocês fariam se soubessem que essas seriam as últimas 24 horas que passariam juntos? O que diriam? Como reagiriam um para com o outro?

Vão sempre convidar a Deus para participar de uma fatia do precioso tempo que passam juntos? Fazem idéia do que Ele quer realizar em relação a seu casamento?

Praticarão a reciprocidade todos os dias? Isto é, adaptarão, aceitarão, perdoarão e farão tudo de comum acordo dentro do espírito de dar e receber com amor? É isso o que significa reciprocidade.

Valorizarão os dias comuns – inclusive as rotinas maçantes – que viverão juntos? Trocarão um dia comum com o cônjuge por dez dias "maravilhosos" sem ele? Tomem cuidado com suas respostas. Alguns casais que agem assim chamam essa situação de "trabalhar horas extras no escritório" ou "dedicar-se a cuidar dos filhos".

Terão a certeza de não permitir que o maior pecado de todos – perder tempo juntos com egoísmo, autojustificação, autopromoção, autopiedade, auto-engrandecimento e auto-retidão – faça parte de seu casamento? O tempo de vocês é demasiadamente precioso para isso.[1]

---

1. Fritz Ridenour, org., *The Marriage Collection*. Grand Rapids: Zondervan Publishers, 1989, p. 396-97, adaptado.

Você foi a pessoa escolhida

*Bendito o Deus e Pai de nosso Senhor Jesus Cristo,
que nos tem abençoado com toda sorte de bênção espiritual nas regiões celestiais
em Cristo, assim como nos escolheu, nele, antes da fundação do mundo, para
sermos santos e irrepreensíveis perante ele.*
Efésios 1.3, 4

Um dos encantos do casamento é compreender que foi escolhido(a) por alguém. Você é uma pessoa tão desejada e especial que alguém quer passar o resto da vida com *você*! Alguém mais o(a) escolheu há muito tempo – Deus. Você foi escolhido(a) por Deus. O fato de Ele ter escolhido você não tem nada a ver com suas características ou qualidades. Deus o(a) escolheu para declará-lo(a) santo(a) e irrepreensível perante Ele, independentemente de seus méritos e a despeito de suas fraquezas. Deus simplesmente o(a) escolheu para estar com Ele. Por quê?

Você se lembra do tempo em que era um pouco mais jovem (talvez *muito* mais jovem), quando cursava o ensino médio e tinha de participar de uma equipe esportiva? Além de ser o capitão do time, qual era a melhor coisa que podia acontecer? Não era ser escolhido(a) em primeiro lugar? É possível que nunca tenha acontecido com você. Talvez sempre tenha sido o(a) último(a). É bom saber que aquela época já passou. Hoje você é objeto da atenção de Deus.

Começando Juntos

Nossa idéia a respeito de quem é Deus e de como Ele deseja abençoar nossa vida torna-se engrandecida quando entendemos que Ele está determinado a nos fazer o bem. Em seu fascinante livro *The Pleasures of God* [As alegrias de Deus], John Piper expressa, de modo magnífico, como Deus deseja fazer o bem a todos os que depositam esperanças nele. O dr. Piper fala de Deus entoando uma canção e pergunta: "O que aconteceria se Deus cantasse?" O que você ouve quando imagina a voz de Deus entoando uma canção?

> "Ouço o estrondo das Cataratas do Niágara misturado com o gotejar de um riacho caindo de uma montanha coberta de musgos. Ouço a rajada do monte Santa Helena misturada com o ronronar de um gatinho. Ouço a força de um furacão da Costa Leste e o ruído quase inaudível da neve caindo à noite na mata. E ouço o inimaginável fragor do Sol, com 1.385.000 quilômetros de diâmetro, 1.300.000 vezes maior do que a Terra, e nada mais a não ser fogo, 1.000.000 graus centígrados na superfície mais fria do halo solar. Porém, ouço esse inimaginável fragor misturado com o crepitar da lenha na lareira numa aconchegante noite de inverno.
>
> Fico aturdido, confuso, emudecido porque ele está cantando por mim — aquela pessoa que o desonrou tantas vezes e de inúmeras maneiras. É bom demais para ser verdade. Ele está exultando por mim de todo seu coração e de toda sua alma. Ele irrompe numa canção quando encontra uma nova maneira de me fazer o bem.[1]

Percebem o que Deus sente por vocês e o que Ele deseja de vocês? Sentem-se abençoados por terem sido criados e escolhidos pelo Senhor?

Você foi a pessoa escolhida

O dr. Piper compara nosso relacionamento com Deus a um casamento. Ele prossegue descrevendo como a lua-de-mel termina para todos os casais. Eles caem na realidade, e o grau de intensidade e de afeto da lua-de-mel diminuem. As duas pessoas modificam-se, e os defeitos começam a aparecer. Porém, com Deus é diferente:

> Deus diz que a alegria que ele sente por seu povo é semelhante ao noivo quando encontra a noiva. Ele está falando sobre a intensidade, sobre os prazeres, energia, empolgação e entusiamo da lua-de-mel. Ele está tentando introduzir em nosso coração o significado de suas palavras quando diz que exulta por nós de *todo seu coração*. E tem mais: com Deus, a lua-de-mel nunca termina. Ele é infinito em poder, sabedoria, criatividade e amor. E Ele também não tem dificuldade em nos fazer manter o grau de intensidade da lua-de-mel; Ele é capaz de prever todas as futuras singularidades de nossa personalidade e decidiu que manterá aquilo que é bom para nós e mudará o que não é.[2]

O texto acima lhes diz alguma coisa a respeito de seu valor e merecimento?[3]

---

1. John Piper, *The Pleasures of God*. Portland, OR: Multnomah Press, 1991, p. 188.
2. Ibid., p. 195.
3. H. Norman Wright, *Chosen for Blessing*. Eugene, OR: Harvest House Publishers, 1992, p. 12-15, adaptado.

Você está casando com um filho adotivo

Mas, a todos quantos o receberam, deu-lhes o poder de serem feitos filhos de Deus, a saber, aos que crêem no seu nome.
João 1.12

Você está casando com um filho adotivo. Isso o surpreende? Mas é verdade. Quando você ou seu futuro cônjuge convidaram Jesus Cristo para fazer parte de sua vida, foram adotados na família de Deus. É isso o que João quis dizer no versículo de hoje. É muito bom ser filho adotivo. Significa que não é um estranho para Deus. Você tem grau de parentesco com Ele. Deus escolheu *você* para ser seu filho.

Em Romanos 8.16 está escrito: "O próprio Espírito testifica com o nosso espírito que somos filhos de Deus". Quando compreendemos a plenitude dessa adoção espiritual, nossos pensamentos e reações em relação à vida são redirecionados. Nossa adoção é uma dádiva de Deus.

Você sabia que, de acordo com a lei romana na época do Novo Testamento, uma pessoa sem filhos e que desejasse ter um herdeiro podia adotar um adulto como filho? Você também foi adotado por Deus como seu herdeiro. O apóstolo Paulo escreveu: "Ora, se somos filhos, somos também herdeiros, herdeiros de Deus e co-herdeiros com Cristo" (Romanos 8.17).

"De sorte que já não és escravo, porém filho; e, sendo filho, também herdeiro por Deus"(Gálatas 4.7).

Conhece o livro ou o filme *Ben Hur*? Judá Ben Hur foi um escravo judeu até ser adotado pelo almirante romano Arias. Judá foi agraciado com todos os direitos e privilégios de um filho legítimo. Foi aceito por Arias como se tivesse nascido no seio de sua família. Da mesma forma, quando você aceitou Jesus Cristo como Salvador, foi adotado na família de Deus e recebeu todos os direitos e privilégios de um herdeiro legítimo.

Quais são alguns dos direitos e privilégios que recebeu? O livro de Efésios relaciona alguns deles:

- Garantia da vida eterna, evidenciada pela presença do Espírito Santo em sua vida (1.14).

- Esperança em Cristo, sua gloriosa herança (1.18).

- Conhecimento do incomparável poder que ressuscitou Jesus Cristo e que o colocou assentado à direita de Deus (1.19, 20).

- Recebimento da graça incomparável de Deus que lhe concedeu a salvação, independentemente do que você fez ou poderá fazer (2.8, 9).

- Acesso ao Pai, por meio de seu Espírito (2.18).

- O amor de Cristo que lhe possibilita receber a plenitude de Deus (3.19).

Que tal ter sido adotado pelo Rei do universo e ser liberto do império das trevas (Colossenses 1.13)? Essa é uma das maiores bênçãos que o evangelho lhe oferece. Você passou a fazer parte da família e da comunidade de Deus e foi declarado seu filho e herdeiro. Talvez tenha sido criado em um lar desestruturado. Talvez tenha sofrido maus-tratos físicos ou emocionais em sua família legítima. Porém, Deus é um Pai capaz de preencher o vazio de sua vida, em função de quem Ele é e do que Ele tem feito por você. Pelo fato de pertencer a família de Deus, seu relacionamento com o Pai está baseado em aconchego, afeição e generosidade. Você é amado e cuidado por Ele. Seu relacionamento como herdeiro Deus, é a base de sua vida cristã. E o melhor que tem a fazer é amar seu futuro cônjuge durante os próximos 50 anos![1]

---

1. H. Norman Wright, *Chosen for Blessing*. Eugene, OR: Harvest House Publishers, 1992, p. 36-38, adaptado.

O casamento não é destinado a vítimas

...tudo posso naquele que me fortalece.
Filipenses 4.13

Hoje em dia, ouvimos falar muito sobre vítimas; elas existem porque alguém as maltratou. Algumas pessoas, no entanto, são vítimas de si mesmas, em função da própria maneira de pensar. Isso impede que cresçam e se desenvolvam emocionalmente, além de atrapalhar o casamento. É necessário identificar algumas frases e idéias causadoras desses problemas para que nunca se interponham em sua vida. Todas as vezes que são proferidas, você passa, inconcientemente, a acreditar nelas.

"Eu não posso." Já percebeu quantas vezes diz isso? Você entende que essas palavras lhe vêm à mente por causa de alguma forma de descrença, medo ou desânimo? Pense nisso. A descrença, o medo e o desânimo quase sempre travam a nossa vida e o nosso casamento. Quando você diz: "Eu não posso", está declarando que não tem nenhum controle sobre sua vida. Porém, não é tão difícil dizer: "Vale a pena tentar". Você será beneficiado pelos resultados positivos dessa afirmação.

"Isso é um problema." Às vezes, em vez de dizer isso, afirmamos: "Ele é um problema" ou "Ela é um problema", principalmente logo após o casamento. As pessoas que enxergam as complicações da vida como problemas ou fardos mergulham no medo e no desânimo. A vida é repleta de obstáculos e de desvios. Porém, cada um deles oferece uma oportunidade de crescimento e de aprendizado, desde que tome a atitude correta. Frases tais como "Isso é um desafio" ou "É uma oportunidade para aprender algo novo" deixam o caminho livre para seguir em frente.

"Eu nunca..." Essa frase é a âncora da estagnação pessoal. É sinal de submissão incondicional a tudo o que existe ou que aconteceu em sua vida. Não oferece nenhuma oportunidade, nem a você nem a Deus. Mas, ao contrário, quando você diz: "Nunca considerei essa possibilidade antes" ou "Ainda não tentei, mas estou querendo tentar", está abrindo as portas para seu crescimento pessoal.

"Por que a vida tem de ser assim?" É uma reação normal ao sofrimento e aos golpes súbitos da vida. Algumas pessoas sofrem mágoas e decepções constantes. Outras passam por uma contrariedade e decidem ruminar seus efeitos o tempo todo, sem se recuperar. Empregam essa frase de maneira inadequada, repetidas vezes, durante meses e anos.

"Por que a vida tem de ser assim?" seguida de "A vida não é justa" são frases muito utilizadas para os fatos normais e corriqueiros da vida. A vida *é* imprevisível. A vida *é* injusta. A vida *não é* sempre da maneira como desejamos. Porém, as atitudes que tomamos em relação à vida são decididas por nós, e a maneira mais adequada de fazer isso é seguir as orientações contidas em Tiago 1.2, 3. Esses versículos nos incentivam a aceitar a adversidade com alegria. A alegria na vida é uma opção. Crescer na vida é uma opção. A mudança na vida pode ser uma opção, e a opção precede a alegria, o crescimento e a mudança.

"Se ao menos..." Essa frase nos aprisiona em sonhos vãos. Há outra frase, contudo, que pode nos libertar do passado e nos conduzir ao futuro: "Da próxima vez...". Ela demonstra que abandonamos nossas culpas, aprendemos com experiências passadas e continuamos a caminhar na vida.

"A vida é uma grande luta." Esta frase reforça as dificuldades da vida. As lutas podem e devem ser transformadas em aventuras. Seu futuro casamento poderia ser estruturado dessa maneira. Sim, é preciso lutar. Talvez você se sinta oprimido e desconfortável por algum tempo. Mas essa é a maneira de dar um passo à frente.

"O que farei?" Esta pergunta é um grito de desespero aliado ao medo do futuro e do desconhecido. Ao contrário, diga: "Não sei o que devo fazer neste instante, mas sei que posso lidar com a situação. Agradeço a Deus o fato de não precisar enfrentar esse problema sozinho(a). Posso aprender com o problema e ser uma pessoa diferente". Lembre-se das palavras encorajadoras contidas em Jeremias 29.11: "Eu é que sei que pensamentos tenho a vosso respeito, diz o Senhor; pensamentos de paz e não de mal, para vos dar o fim que desejais."[1]

---

1. H. Norman Wright, *Chosen for Blessing*. Eugene, OR: Harvest House Publishers, 1992, p. 118-20, adaptado.

As recordações e o casamento

É bom ser sempre zeloso [...] meus filhos, por quem, de novo, sofro as dores de parto, até ser Cristo formado em vós.
Gálatas 4.18, 19

Recordações. A vida é feita de recordações – umas boas, outras más. O casamento é feito de recordações. Algumas de suas recordações foram construídas por vocês deliberadamente; outras simplesmente aconteceram. Algumas são engraçadas, outras tristes. Algumas são tão boas que gostariam que se repetissem, ao passo que outras poderiam não ter existido.

Às vezes, as recordações que levam para o casamento tendem a ficar rondando a vida conjugal. Podem ser mágoas do passado. Ao casar, algumas dessas feridas não estão cicatrizadas; estão apenas cobertas por uma crosta. Essas feridas emocionais não cicatrizadas tendem a infeccionar quando outros problemas no casamento aparecem. Lembre-se: as questões não resolvidas levadas para o casamento não desaparecerão. Permanecerão latentes, apenas aguardando uma nova situação que as faça reviver. Geralmente, as recordações do passado interferem na felicidade do presente.

A forma como você se lembra do que aconteceu no passado é importante. Quase sempre nossas recordações tornam-se distorcidas com o passar do tempo. Em um de seus sermões, o dr. Lloyd Ogilvie, capelão do Senado dos Estados Unidos, disse: "Hipotecamos o futuro baseados nos acontecimentos do passado. Temos recordações positivas que achamos que não se repetirão, e recordações negativas que achamos que se repetirão. Geralmente, transformamo-nos na imagem do que lembramos em vez de nos transformarmos na imagem do que enxergamos para o futuro!".

E com relação a você e ao seu futuro cônjuge? Um de vocês guarda recordações que interferem em sua vida ou que poderão atrapalhar seu casamento? O futuro de seu casamento está hipotecado nas lembranças do passado? Você ainda não conversou com seu futuro cônjuge a esse respeito? Há algo que poderão vir a descobrir?

Para superar mágoas passadas, é necessário derrubar a parede que construiu ao redor delas e enfrentá-las. A mudança poderá ser imediata, mas, na maioria das vezes, é um processo lento. Você é capaz de acabar com essas paredes de proteção porque Cristo está presente em sua vida. A mudança é possível porque nossa fé inclui transformação interior, não apenas conformação exterior. É isso o que o versículo de hoje exemplifica. Sua nova vida em Cristo vem de dentro para fora.

Reflita como a presença de Deus em seu interior já transformou sua vida. Para um crescimento contínuo, ofereça a Ele livre acesso a suas recordações dolorosas. Um processo lento? Sim. Mas cada minuto e cada dose de energia que investir nisso valerá a pena. A cicatrização de suas recordações será benéfica, tanto para você como para seu casamento.

Deixem que a palavra de Deus governe seu casamento

Seja a paz de Cristo o árbitro em vosso coração, à qual, também, fostes chamados em um só corpo; e sede agradecidos. Habite, ricamente, em vós a palavra de Cristo; instruí-vos e aconselhai-vos mutuamente em toda a sabedoria, louvando a Deus, com salmos, e hinos, e cânticos espirituais, com gratidão, em vosso coração.
Colossenses 3.15-17

Ninguém se casa pensando que terá uma vida conjugal em que existam discussões, disputas, lutas, aborrecimentos e tensões. Todos desejam viver em harmonia, amor e paz, o que é perfeitamente possível. Paulo falou sobre isso nos versículos acima. Esses versículos farão maravilhas em seu casamento se forem compreendidos e colocados em prática. Reflitam sobre eles.

Seja a paz de Cristo o árbitro em vosso coração. A paz aqui citada não é a paz que experimentamos quando não existe nenhum conflito. É um sentimento de plenitude e de bem-estar. Quando Cristo é nosso árbitro, sentimo-nos completos. Esse texto poderia ser parafraseado da seguinte forma: "Deixe que a paz de Cristo reine em seu coração no meio dos conflitos da vida. Deixe que a paz de Cristo em seu interior decida o que é certo. Deixe que ela seja sua conselheira".

Quem ou o que está reinando em sua vida? Talvez, se permitíssemos que a paz de Cristo reinasse em nosso coração, palavras ofensivas ditas em meio a um conflito nunca seriam proferidas. A paz de Cristo que habita dentro de nós é indispensável para tratar o cônjuge com amor.

Habite, ricamente, em vós a palavra de Cristo. Como a Palavra de Deus pode habitar em nós? Lendo-a, estudando-a e memorizando-a.

Pessoas iradas mudaram por causa da Palavra de Deus.

Pessoas frustradas mudaram por causa da Palavra de Deus.

Pessoas ansiosas mudaram por causa da Palavra de Deus.

Pessoas detestáveis mudaram por causa da Palavra de Deus.

A Palavra de Deus nos transforma. Quando a lemos, devemos pedir ao Espírito Santo que ela faça parte de nossa vida.

As verdades contidas nas Escrituras podem contra-atacar as falsas opiniões que temos a respeito de nós mesmos, de Deus e também de outras convicções religiosas, que nos foram ensinadas ou que aprendemos por conta própria.[1]

O dr. Kenneth Boa escreve o seguinte:

> As palavras das Escrituras nos incentivam a caminhar pela fé, e não por emoções, e nos ensinam como as coisas acontecem independentemente de nossos filtros emocionais, culturais e teológicos. As circunstâncias podem ameaçar nosso compromisso com as verdades de Deus. Ou seja, Deus controla nossa vida e age em nosso benefício, mas as Escrituras afirmam que esses princípios são fundamentais e nos ensinam a nos apoiarmos neles, mesmo durante momentos de sofrimento.
>
> Essas afirmações não são uma questão de fé naquilo que desejaríamos que fosse realidade; são

verdadeiras para todos aqueles que colocam sua esperança em Cristo. Elas realçam nossa identidade em Cristo, dizem-nos que o processo é mais importante do que o produto e nos desafiam a valorizar mais os nossos relacionamentos pessoais do que os nossos objetivos. Ensinam que aquilo que fazemos não determina quem somos; ao contrário, nosso modo de ser é que deve modificar aquilo que fazemos. Reforçam a perspectiva realística de que somos forasteiros e peregrinos, e não cidadãos deste mundo, e dizem que caminhemos em graça e que vivamos no poder do Espírito de Deus em vez de caminharmos seguindo as regras externas e a vivermos subjugados pela carne. Elas nos aconselham a colocar em prática os preceitos e princípios bíblicos e a depositar nossa esperança no caráter e nas promessas de Deus, e não em pessoas, propriedades ou prestígio deste mundo.[2]

Analisem e adaptem essas idéias a seu casamento.

---

1. Kenneth Boa, *Night Light*. Brentwood, TN: Wolgemuth and Hyatt Publishers, Inc., 1989, p. 2, adaptado.
2. Ibid., p. 2

Renovem seu casamento

... contudo, o nosso homem interior se renova de dia em dia.
2 Coríntios 4.16
... e vos renoveis no espírito do vosso entendimento.
Efésios 4.23

renovação faz parte da vida. Conscientemente ou não, estamos sempre renovando alguma coisa.

Você sabe o que significa renovação? O dicionário diz que renovar é dar um aspecto novo, restaurar, mudar ou modificar para melhor. Durante a renovação, tudo adquire vida. Renovação significa crescimento. O antônimo de renovação é estagnação e deterioração.

As casas em estado de deterioração readquirem vida durante o processo de renovação; o mesmo acontece com as empresas e com as igrejas. A renovação provoca uma enorme empolgação, tanto na vida particular como no casamento.

Uma pessoa em estado de estagnação e deterioração volta a viver depois de um encontro com Jesus Cristo. Sua presença produz renovação e dá um novo ânimo. Em sua carta aos Efésios, Paulo afirma que somos capazes de abandonar nosso antigo modo de vida e de nos revestir de uma nova pessoa (4.22-24):

> ... quanto ao trato passado, vos despojeis do velho homem, que se corrompe segundo as concupiscências do engano, e vos renoveis no espírito do vosso entendimento, e vos revistais do novo homem, criado segundo Deus, em justiça e retidão procedentes da verdade.

Esse processo gera a renovação de nossa mente.

A cada ano que passa, temos notícias de renovações em lojas, jornais, organizações etc.

Os casamentos também podem adquirir vida nova. Conheço casamentos estagnados e deteriorados que começaram a florescer e a adquirir vida depois de ser renovados em Cristo. Tornaram-se revigorados e adquiriram novo brilho. O amor, o romantismo, a intimidade, o compromisso, a confiança e a esperança foram renovados.

O dizer de seu casamento? Ele precisa de renovação? Em que áreas precisa ocorrer? Qual a idéia de seu cônjuge a respeito da renovação no casamento? Perguntas difíceis de responder? Talvez. Perguntas prematuras? Não. São necessárias. Comecem, desde já, a pedir a orientação de Deus e discutam essas questões depois do casamento.

Em Romanos 12.2 está escrito:

> E não vos conformeis com este século, mas transformai-vos pela renovação da vossa mente, para que experimenteis qual seja a boa, agradável e perfeita vontade de Deus.

Seu casamento necessitará de renovações, de tempos em tempos. Não permitam que os problemas avolumem-se ao ponto de ser necessário reconstruir o casamento. Participem juntos do processo de renovação. Lembrem-se: o casamento necessita de renovação diária. Façam seu casamento adquirir vida nova, não a cada ano, nem a cada mês, ou a cada semana, mas sim a cada dia.

O que vocês abandonarão em prol do casamento?

E Jesus, fitando-o, o amou e disse: Só uma coisa te falta: Vai, vende tudo o que tens, dá-o aos pobres e terás um tesouro no céu; então, vem e segue-me.
Marcos 10.21

O que vocês já abandonaram em prol do casamento? Já refletiram sobre isso? Algumas pessoas pensam que estão abandonando a liberdade! Muita gente, hoje em dia, simplesmente tenta levar a vida de solteiro para o casamento. Imaginam que o cônjuge seja apenas uma carga a mais dentro da vida atribulada que levam. Acreditam que, de um jeito ou de outro, adaptarão a condição de marido ou de mulher aos seus inúmeros afazeres. Por exemplo, desejam continuar a freqüentar a academia de ginástica quatro noites por semana, para ficar em forma, ou sair três vezes por semana com os amigos, sem levar o cônjuge.

Quando essas pessoas enfrentam a realidade do casamento, ficam assustadas. "O casamento não é a união de dois mundos, mas o abandono de dois mundos para formar um novo. Nesse sentido, a missão do casamento pode ser comparada ao conselho que Jesus deu ao homem rico para que vendesse todos os seus bens e o seguisse. É uma missão que exige abandonar tudo."[1]

O casamento exige algumas adaptações e mudanças de hábitos. Talvez seja necessário adiar o sonho de cursar uma universidade ou deixar para mais tarde a compra de algo que vem desejando há muito tempo. Conforme exemplifica a mensagem de Jesus ao homem rico, um compromisso verdadeiro com alguém é muito mais amplo. Quando vocês se casarem, passarão a cumprir um dos mandamentos de Jesus. Mike Mason afirma: "Para a maioria das pessoas [...] o casamento é o passo mais sério e sincero que tomarão no sentido de cumprir o mandamento de Jesus para amar o próximo, principalmente quando esse próximo é alguém que foi deixado ferido e abandonado na beira da estrada do amor, sem que ninguém no mundo se compadecesse dele".[2]

Como cumprir, por fim, o mandamento de Jesus de amar o cônjuge com altruísmo? Amar com altruísmo significa:

- Levar o cônjuge para passear num lugar que ele aprecie.

- Ver o programa de TV preferido pelo cônjuge.

- Preparar uma refeição da maneira preferida pelo cônjuge, não da maneira que você costuma prepará-la.

- Fazer compras de acordo com os hábitos do cônjuge.

- Ouvir o cônjuge mais do que você imagina ser necessário.

- Proteger o cônjuge de uma situação constrangedora.

- Participar de uma atividade que você nunca sonhou realizar, só porque é a favorita do cônjuge.

- Não passar as férias no mesmo lugar favorito dos últimos dezessete anos, mas procurar fazer algo totalmente novo.

- Aprender a amar os animais que o cônjuge ama e a demarcar os locais da casa e do quintal onde é permitida a entrada de animais.

- Aprender a falar menos ou mais, dependendo do estilo de comunicação do cônjuge.

- Pendurar as roupas no cabide e lavar a louça imediatamente após a refeição, mesmo que não costumasse realizar essas tarefas na casa de seus pais.

Qualquer coisa que você faça, grande ou pequena, não pode ser imaginada nem cumprida sem a graça e o amor de Deus. Que tragédia seria se não tivéssemos a graça de Deus!

"Obrigado, Senhor, pela tua graça contínua."

---

1. Mike Mason, *The Mystery of Marriage.* Portland, OR: Multnomah Press, 1985), p. 91.
2. Ibid.

Ver como Deus vê

[Por que] tendo olhos, não vedes?
Marcos 8.18

Olhos. Usamos os olhos para esquadrinhar o ambiente, para focalizar alguém de modo tão intenso que tudo o mais começa a ficar desfocado. Nossos olhos têm histórias para contar. Convidam pessoas a fazer parte de nossa vida. Os olhos de vocês foram muito importantes para conduzi-los ao casamento. Em seu livro *The Mystery of Marriage* [O mistério do casamento], Mike Mason escreve o seguinte:

> O casamento é, antes de tudo, um ato de contemplação. É uma reflexão sublime, um encantamento constante. Isso se torna evidente desde o primeiro momento em que um homem e uma mulher olham nos olhos um do outro pela primeira vez e compreendem que estão apaixonados. Tudo começa com uma maravilhosa troca de olhar, olhos fixos um no outro em busca de proteção, um embevecimento irresistível. De repente, há tanta coisa para ver! Tanta coisa é revelada quando duas pessoas ousam permanecer sob o brilho irradiado pela reciprocidade do amor. É um momento de

sublime adoração; tudo pára, ou desaparece aos poucos na cena de fundo, e o amor passa a ocupar o centro no palco.[1]

As promessas conjugais parecem ter menos significado e responsabilidade para os casais modernos do que para os de gerações passadas. Uma promessa precisa ser cumprida independentemente de realização pessoal, de falta de amor, de atração por outra pessoa ou de moléstia que cause deficiência. Os casais necessitam comprometer-se a ser fiéis sem levar em conta qualificações, limitações ou restrições. Alguns sentem dificuldade em levar a sério as promessas conjugais porque têm pouca experiência em ser fiéis a qualquer coisa ou a qualquer pessoa, e não imaginam o quanto isso custa. Sem a promessa de fidelidade, não pode existir confiança.[2]

Quando as pessoas se casam, têm a responsabilidade de ser fiéis. Mas fiéis a quê? Temos de ser fiéis a muitas coisas na vida: ao casamento em si, por obrigação; à amizade que deve existir no relacionamento conjugal, de modo a considerarmos o cônjuge nosso melhor amigo; ao cônjuge, por ele ser filho de Deus, um herdeiro de Deus, tanto quanto cada um de nós. Fomos exortados a tratar um ao outro dessa maneira. Parte de nossa missão na vida é prestar assistência aos nossos semelhantes, em nome de Jesus Cristo, inclusive ao nosso cônjuge.

Lembrem-se da frase proferida nas cerimônias de casamento, que diz: "Prometo ser fiel". Ser fiel é ser sincero, leal, honesto, confiável e íntegro. A promessa de ser fiel inclui intimidade mútua, diálogo sincero, habilidade para confiar e depender um do outro. "Prometo ser fiel" significa que me esforçarei a incluir todas essas qualidades em minha vida conjugal.[3]

1. Mike Mason, *The Mystery of Marriage*. Portland, OR: Multnomah Press, 1985, p. 29.
2. H. Norman Wright, *Seasons of a Marriage*. Ventura, CA: Regal Books, 1982, p. 104-05, adaptado.
3. Ibid., p.102-03, adaptado.

Deixar e unir

Por isso, deixa o homem pai e mãe e se une à sua mulher, tornando-se os dois uma só carne.
Gênesis 2.24

"Deixar" e "unir" – palavras diferentes e significativas. Quando proferirem suas promessas na cerimônia de casamento, essas duas palavras passarão a fazer parte de sua vida. Vocês sabem o que elas significam? No versículo acima, a palavra *deixar* significa deixar para trás um relacionamento anterior para começar outro. Em hebraico, essa palavra, no sentido literal, quer dizer "abandonar" ou "renunciar". Isso não significa desprezar os pais. Ao contrário, exige desligar-se deles e assumir responsabilidade pelo cônjuge.

Qual a carga de influência que você recebe hoje de seus pais? E no futuro, como será? Com que freqüência planeja telefonar para eles ou visitá-los? Quem decidirá onde passar o Natal e o Ano Novo? Seus pais ou você e seu futuro cônjuge? Eles já lhe emprestaram dinheiro ou você mora com eles? Você já se queixou deles a seu futuro cônjuge? Planeja visitá-los todos os anos por ocasião das férias? São perguntas elementares, porém necessárias, e que os dois precisam formular e responder! "Deixar" significa isso; mas é muito mais do que apenas um afastamento físico; é também um distanciamento emocional.

Começando Juntos

Passemos a analisar a outra palavra do versículo acima.

Unir significa "juntar", "atar". Quando um homem une-se a uma mulher, ambos se tornam uma só carne. Essa frase encerra uma linda imagem da unicidade, inteireza e estabilidade que Deus planejou para o casamento. Significa uma união especial – um compromisso de intimidade total em todos os aspectos da vida, simbolizado pela união sexual.

Há alguns anos, ouvi uma ótima descrição sobre o significado da união no casamento. Se pegarmos um pedaço de argila verde-escura com uma mão e um pedaço de argila verde-clara com a outra, podemos identificar claramente as duas tonalidades de verde. Contudo, depois de amassarmos as duas porções de argila juntas, veremos apenas uma tonalidade de verde – à primeira vista. Se olharmos atentamente, poderemos distinguir alguns traços de tonalidade verde-escura e outros de tonalidade verde-clara.

Essa é a imagem que projetarão após o casamento. Ambos serão unidos como se fossem um só, porém com personalidades e identidades distintas. O casamento será composto da personalidade e da identidade de ambos.

Todavia, um casamento cristão envolve mais do que a união de duas pessoas. Inclui uma terceira pessoa – Jesus Cristo – que orienta, dirige e dá significado ao casamento. Um casamento só é verdadeiramente cristão quando governado por Ele. É necessário que Jesus esteja mais próximo de vocês do que vocês estão um do outro.

Depois do casamento, como vocês lidarão com a questão de "deixar pai e mãe"? Como se tornarão uma só carne sem perder a personalidade e a identidade como indivíduos? Por que não conversar sobre isso agora?[1]

---

1. H. Norman Wright, *Quiet Times for Couples*. Eugene, OR: Harvest House Publishers, 1990, p. 9, adaptado.

O dinheiro e o casamento – maldição ou bênção?

Porque o amor do dinheiro é raiz de todos os males; e alguns, nessa cobiça, se desviaram da fé e a si mesmos se atormentaram com muitas dores.
1 Timóteo 6.10

O conflito número um durante os primeiros anos de casamento é o dinheiro. Algumas das maiores desavenças são causadas por dinheiro. Porém, não deveria ser assim. Por que isso acontece? Porque cada um de nós tem maneiras diferentes de gastar e de economizar dinheiro. É um reflexo de nossa personalidade.

Vocês já imaginaram que o dinheiro pode ser um instrumento de independência? Também pode ser a causa de discussões sobre responsabilidade e sobre critérios de julgamento. Pode ser usado como meio de alcançar poder e controle. Além de comprar roupas, automóveis, computadores e outras mercadorias, o dinheiro também compra poder. Torna-se um reflexo da autovalorização de uma pessoa. Gastar dinheiro pode ser uma forma de fazer com que a pessoa sinta-se bem consigo mesma, atraia a atenção do cônjuge ou vingue-se dele!

Todos nós precisamos de dinheiro. Os preços sobem e o salário encolhe. A batalha começa a intensificar-se quando desembolsamos dinheiro com uma casa, com um carro e, depois, com filhos. Como economizarão dinheiro para pagar a educação dos filhos sabendo que alguns colégios chegam a cobrar mais de um salário mínimo por mês? Como liquidarão os empréstimos que fizeram para pagar seus próprios estudos? E os cartões de crédito? Como continuarão a pagar todas as contas tendo despesas tão altas? É uma batalha que todos precisamos enfrentar.

Algumas pessoas têm um problema diferente: adoram o dinheiro. Ele passa a ser a razão de sua existência, a fonte de todas as ambições, o objetivo da vida. O dinheiro é o deus dessas pessoas.

O que o dinheiro representa na vida de cada um de vocês? Reflitam sobre as seguintes perguntas:

- Quanto tempo por dia você passa preocupando-se com dinheiro?

- Você passa mais tempo por dia pensando ou preocupando-se com dinheiro do que orando?

- Quando se sente deprimido(a), desanimado(a) ou magoado(a), pega imediatamente o automóvel e vai gastar dinheiro num *shopping* para se sentir melhor?

- Gostaria que seu cônjuge fosse mais econômico ou mais esbanjador?

- Já planejou quanto dinheiro poderá gastar por mês após o casamento?

- Quem terá a responsabilidade de lidar com o dinheiro após o casamento?

- O valor que você atribui a si mesmo oscila de acordo com a oscilação de seus lucros?

O dinheiro e o casamento – maldição ou bênção?

- O dinheiro tem sido a causa de discussões entre você e outros membros de sua família atual? Em que proporção?

- Se você relacionasse todos os cheques que já emitiu, a que conclusão chegaria sobre o lugar que o dinheiro ocupa em sua vida?

- No lar em que você vive hoje, existe um plano bem definido a respeito do orçamento da família? Qual foi sua participação nesse plano?

- Você tem um plano para lidar com um dinheiro extra ganho inesperadamente? (Isso poderá acontecer, você sabe.)

- Com que freqüência você e seu futuro cônjuge orarão a respeito de dinheiro e da orientação de Deus sobre o uso que deverão fazer dele para sua honra e glória?

Pensem nessas perguntas e discutam as respostas.

Quando chegarem os tempos difíceis

Assim diz o Senhor: Não se glorie o sábio na sua sabedoria, nem o forte, na sua força, nem o rico, nas suas riquezas; mas o que se gloriar, glorie-se nisto: em me conhecer e saber que eu sou o Senhor, e faço misericórdia, juízo e justiça na terra; porque destas coisas me agrado, diz o Senhor.
Jeremias 9.23, 24

O casamento de vocês poderá enfrentar tempos de turbulência e dificuldades. A vida não é fácil; os problemas surgirão. Talvez vocês preferissem saber o que o futuro lhes reserva. O que fazer quando os problemas surgirem? É simples. Orem a Deus, mesmo sem saber o que vai acontecer. Orem pelo que Ele *fará*.

Orações desse tipo abrirão caminhos que nunca imaginaram. Ao glorificar a Deus, você não apenas encara os perigos, mas também torna-se mais consciente do que o Senhor deseja para você. Essa idéia poderá lhe parecer desconcertante. Talvez signifique glorificar a Deus diante de um problema no emprego ou durante uma dificuldade financeira. Pode significar glorificar a Deus a despeito daquele relacionamento pessoal problemático na vida familiar. Talvez você se sinta atormentado(a) ou perplexo(a) a respeito de determinada situação. É exatamente nesses momentos que Deus deseja ser glorificado por você.

Quando as respostas ou soluções para um problema parecem não existir, quando está diante de um montanha estagnada, por que não glorificar a Deus? O que tem a perder, se já esgotou todos os recursos? Por que não admitir o problema, procurar soluções e demonstrar uma atitude de aceitação? Lloyd Ogilvie tem uma idéia esclarecedora a respeito disso: "A constante glorificação durante um determinado período de tempo condiciona-nos a receber aquilo que o Senhor tem pacientemente aguardado para revelar ou para divulgar a nós."[1]

Costumamos agradecer prontamente à pessoa após recebermos a promessa de que nos ajudarão a resolver um problema de acordo com nossos planos. No entanto, colocar o futuro nas mãos de quem não podemos ver ou tocar e dizer "Eu te louvo seja qual for a solução que dês para este assunto" é uma atitude atípica. Resistimos, rebelamo-nos e irritamo-nos diante da idéia de glorificar a Deus em qualquer situação.

Pensem sobre o assunto por alguns instantes antes de desconsiderar o conselho de agradecer a Deus "em tudo" (1 Tessalonicenses 5.18). Talvez vocês tenham lido e ouvido esse versículo inúmeras vezes sem levá-lo em consideração. Por vezes, agarramo-nos a ele durante momentos de pânico. Que tal se esse princípio passasse a fazer parte de nossa rotina diária? O que poderia acontecer? Vale a pena tentar.

Primeiro, considerem quem vocês estão glorificando. Quem é Deus para vocês? Para alguns, Deus é fruto da imaginação de alguém. Para outros, uma divindade de pedra. Ter um conceito correto a respeito de Deus é de suma importância para nossa existência e para a prática diária da vida cristã. A melhor definição sobre Deus que tem resistido ao tempo é encontrada no *Breve Catecismo de Westminster*. A resposta à pergunta "Quem é Deus?" é a seguinte: "Deus é Espírito, infinito, eterno e imutável em seu ser, sabedoria, poder, santidade, justiça, bondade e verdade". Por que fomos criados? Para conhecer a Deus. O que pode nos trazer mais alegria, felicidade, satisfação e paz do que qualquer outra coisa? É conhecer a Deus, conforme dizem os versículos das Escrituras para essa mensagem.

Quando você e eu exaltamos o Senhor, não fazemos isso instintivamente; é uma decisão nossa, um compromisso. Quando exaltamos o Senhor, passamos a ver a vida sob um novo prisma. A glorificação é um meio de que dispomos para encontrar uma nova perspectiva e uma nova orientação para nossa vida emperrada. Talvez você imagine que seu dia é muito atribulado para parar um pouco e glorificar a Deus, mas é o momento certo, justamente quando está muito atarefado(a), aflito(a) e sobrecarregado(a). Pare, tranqüilize-se e glorifique a Deus. Você se sentirá revigorado(a). Glorificar a Deus antes de ter encontrado uma solução é um ato de fé, uma maneira de dizer: "Não sei o que vai acontecer, mas sinto-me confiante". Esse é um grande impulso para o sucesso de seu casamento.[2]

---

1. Lloyd John Ogilvie, *God's Will in Your Life*. Eugene, OR: Harvest House Publishers, 1982, p. 136.
2. H. Norman Wright, *Making Peace with Your Past*. Grand Rapids: Fleming H. Revell, uma divisão de Baker Book House, 1985, p. 48, adaptado.

O caminho da comunicação

*Quem retém as palavras possui o conhecimento,
e o sereno de espírito é homem de inteligência.
Provérbios 17.27*

Havíamos escolhido o lugar que desejávamos visitar – um lago a alguns quilômetros de distância. Levaríamos duas horas para caminhar até lá. Assim que deixamos o parque para trás, fomos surpreendidos com três trilhas à nossa frente, todas com destino à região da montanha. Uma das trilhas aparentava ter sido mais usada e estava em melhores condições do que as outras. Logo que começamos a caminhar por ela, percebemos que, além de ser a mais usada, era também a trilha central. Dessa trilha central, saíam algumas trilhas secundárias com destino a um lago, montanha ou campina nas regiões mais altas daquela localidade.

Passamos por mais de doze trilhas secundárias antes de chegar ao lugar que imaginávamos ser nosso destino. Em vez de encontrar o lago que estávamos procurando, contemplamos do alto três lagos pequenos, mas muito bonitos, localizados no terreno bem abaixo de nós. Nossa trilha bifurcou-se em três atalhos, cada um deles passando por uma plantação de pinheiros e com destino a um daqueles lagos. Tínhamos, naquele momento, vários lagos à nossa disposição para pescar.

Compreendemos, então, que a escolha da trilha principal nos proporcionara uma variedade de opções. Se tivéssemos seguido por uma das outras trilhas, com certeza teríamos chegado a um daqueles lagos. Porém, a trilha mais usada ofereceu acesso a vários outros lugares encantadores. Sem ela, nosso passeio teria sido bastante limitado.

Uma das principais trilhas ou caminhos que sustentam a vida conjugal é a comunicação. A comunicação é a artéria principal que dá acesso a outras avenidas. "Sem comunicação, as possibilidades de sucesso no casamento ficam comprometidas, os cônjuges não têm em que se apegar, as mágoas talvez causadas por uma antiga deficiência de comunicação não são cicatrizadas; e o marido ou a mulher, quando se arrepende de ter magoado o cônjuge, sente-se atirado a um abismo de solidão do qual não consegue sair sozinho a não ser por meio das cordas da comunicação que podem ou não ser capazes de levantá-lo devido à sua condição de fragilidade."[1]

Reuel Howe disse: "Se é que existisse apenas um entendimento intuitivo indispensável com o qual um jovem casal deve começar uma vida a dois seria o de que ambos devem manter abertos, a qualquer custo, os canais de comunicação entre si".[2]

O dr. David Mace e Vera Mace escreveram o seguinte a respeito da comunicação e do casamento: "O casamento pode ser comparado a uma casa enorme com muitos cômodos que os noivos herdam no dia do matrimônio. O casal espera utilizá-los com alegria, como faríamos com os cômodos de uma casa confortável, de modo que sejam funcionais às inúmeras atividades que compõem uma vida a dois. Porém, em muitos casamentos há portas trancadas – elas representam situações que o casal não consegue explorar em conjunto. As tentativas de abrir essas portas geram fracasso e frustração. A chave certa não consegue ser encontrada. Assim, o casal conforma-se em viver junto em apenas alguns cômodos que podem ser abertos com facilidade, deixando o restante da casa, com todas as suas possibilidades promissoras, sem ser explorado e sem uso.

"Existe, contudo, uma chave-mestra que abrirá todas as portas. Não é fácil de ser encontrada. Ou, mais corretamente, precisa ser forjada em conjunto pelo casal, e isso pode ser muito difícil. É a grande obra de arte para o sucesso da comunicação entre marido e mulher."[3]

Existe um estilo de comunicação melhor do que outro? Ou mais eficiente? Nos últimos anos, foram escritos inúmeros livros sobre o assunto. No entanto, há um livro muito mais antigo que contém o melhor e o mais abrangente estilo de comunicação. Esse livro chama-se Bíblia. É bom ler o que ele tem a nos dizer. Os seguintes versículos serão úteis para ajudá-los no início de sua vida conjugal: Tiago 3.2; 1 Pedro 3.10; Provérbios 18.21; 21.23; 15.4; 25.15; Efésios 4.15, 25.

---

1. David e Vera Mace, *We Can Have Better Marriages If We Want Them*. Nashville: Abingdon Press, 1974, p. 99.
2. Reuel Howe, *Herein is Love*. Valley Forge, PA: Judson Press, 1961, p. 100.
3. Mace, *We Can Have Better Marriages If We Want Them*, p. 98-99.

Vocês podem tomar uma atitude

Em tudo, dai graças, porque esta é a vontade de Deus em Cristo Jesus para convosco.
1 Tessalonicenses 5.18

Vocês já devem ter ouvido a expressão: "Aquele é um indivíduo de atitude". A expressão "tomar uma atitude" geralmente indica problema, mas pode ser uma virtude!

Atitude. O que significa? É uma decisão que tomamos para olhar a vida de determinada maneira. É responsável pelo ambiente emocional de nosso lar e pela maneira como interagimos com outras pessoas.

Alguns dizem que nasceram com fraca disposição de ânimo. Talvez alguém de sua família "tenha nascido com uma abundância de genes da gratidão", ao passo que outros não foram contemplados com isso. Alguns são mal-humorados, ao passo que outros demonstram estar sempre animados e agradecidos.

Não herdamos de nossos pais genes de gratidão. A gratidão é uma *opção* nossa. Podemos optar por demonstrar gratidão e procurar enxergar bênçãos, em vez de olhar para os defeitos. Podemos optar por investigar e descobrir, em vez de achar que tudo o que temos ou experimentamos nunca vai mudar. Isso é particularmente importante no casamento.

A gratidão não manifestada é mal aproveitada. Se for mantida em segredo, não será útil nem para você nem para ninguém. A gratidão pode ser contagiosa, no bom sentido; pode afetar a atitude de outras pessoas.

Fomos ensinados a dizer "Obrigado". É ainda muito mais importante agradecer a Deus tudo o que somos, tudo o que temos e tudo o que apreciamos. Os salmos repetem estas frases com freqüência: "Rendei graças ao Senhor" ou "Renderei graças ao Senhor".

Analisem os seguintes versículos das Escrituras:

> "Seja a paz de Cristo o árbitro em vosso coração, à qual, também, fostes chamados em um só corpo; e sede agradecidos" (Colossenses 3.15).

> "...dando graças ao Pai, que vos fez idôneos à parte que vos cabe da herança dos santos na luz" (Colossenses 1.12).

> Não andeis ansiosos de coisa alguma; em tudo, porém, sejam conhecidas, diante de Deus, as vossas petições, pela oração e pela súplica, com ações de graças" (Filipenses 4.6).

O apóstolo Paulo escreveu à igreja de Tessalônica: "Em tudo, dai graças, porque esta é a vontade de Deus em Cristo Jesus para convosco" (1 Tessalonicenses 5.18).

As Escrituras nos ensinam que o agradecimento é um pré-requisito para a adoração: "Entrai por suas portas com ações de graça, e nos seus átrios, com hinos de louvor; rendei-lhe graças e bendizei-lhe o nome"(Salmos 100.4).

A quem vocês são gratos? Reflitam por alguns momentos e escravam suas resposta. Precisam expressar sua gratidão a alguém por meio de uma ligação telefônica ou de um bilhete? Têm de demonstrar sua gratidão a seus pais, avós ou a outros familiares? A quem seu futuro cônjuge precisa ser grato? Posso

Vocês podem tomar uma atitude

imaginar o que acontecerá quando você olhar para seu futuro cônjuge e disser: "Sou imensamente grato(a) por ter você"!

Seria interessante indagar de seus pais ou de seu futuro cônjuge a respeito do que eles são gratos. Nunca tenha por garantido que receberá mesmo tudo do seu cônjuge, mas demonstre sempre sincero agradecimento. Se for difícil saber os motivos de sua gratidão, comece a olhar a vida com outros olhos – olhos de Deus. Peça que Ele ilumine os olhos de seu coração.

É possível mudar

Porque a palavra de Deus é viva, e eficaz, e mais cortante do que qualquer espada de dois gumes, e penetra até ao ponto de dividir alma e espírito, juntas e medulas, e é apta para discernir os pensamentos e propósitos do coração.
Hebreus 4.12

— Não consigo mudar. Já tentei inúmeras vezes. Só Deus sabe como isso é impossível. Sinto-me confuso.

— Há muitas pessoas que acreditam nessas palavras. Sentem-se frustradas por seus esforços serem em vão. Tentam não se aborrecer e nem explodir com os outros, mas não conseguem. Essas pessoas têm hábitos destrutivos. Contudo, a Palavra de Deus diz, enfaticamente, que *podemos* mudar.

Um dos principais responsáveis por tudo isso é o nosso modo de pensar. O que se passa em nossa mente é quase sempre uma luta que não gostaríamos de exibir para ninguém, caso ela pudesse ser apresentada em vídeo! Temos pensamentos negativos a respeito de nós mesmos, de amigos, de patrões ou de funcionários e até de nosso cônjuge. Lutamos contra a luxúria, a inveja, o ciúme e o orgulho. Queremos mudar para melhor, mas parece que não conseguimos ser transformados na proporção e com a rapidez que desejamos.

Começando Juntos

No entanto, você *poderá mudar*; você *é capaz* de mudar. Pode passar por uma mudança radical. As Escrituras dizem que será transformado porque o Espírito Santo habita em seu coração: "E todos nós, com o rosto desvendado, contemplando, como por espelho, a glória do Senhor, somos transformados, de glória em glória, na sua própria imagem, como pelo Senhor, o Espírito" (2 Coríntios 3.18).

A mudança *é* possível para aqueles que acreditam em Jesus Cristo, porque nossa crença é uma transformação interior e não uma conformação exterior. Quando Paulo diz: "... meus filhos, por quem, de novo, sofro as dores de parto, até *ser Cristo formado em vós*" (Gálatas 4:19, grifo meu), ele está nos dizendo que devemos deixar Jesus Cristo morar *em* nós e *por meio de* nós.

Lemos em Efésios 4.23, 24 "... e vos renoveis no espírito do vosso entendimento, e vos revistais do novo homem, criado segundo Deus, em justiça e retidão procedentes da verdade". O novo homem deve ser revestido de dentro para fora. Somos capazes de nos revestir do novo homem porque Deus colocou Jesus Cristo dentro de nós. Devemos permitir que Ele opere dentro de nós. Significa que devemos deixar que Ele tenha livre acesso ao "banco de dados" de nossa memória e às experiências passadas que necessitam ser deixadas para trás.

Leia novamente Hebreus 4.12. A palavra "eficaz" significa "energizante". A Palavra de Deus nos dá energia para mudar. De que modo? O apóstolo Paulo diz: "... anulando nós, sofismas e toda altivez que se levante contra o conhecimento de Deus, e levando cativo todo pensamento à obediência de Cristo" (2 Coríntios 10.4, 5).

Todavia, a transformação leva tempo. É um processo lento. Às vezes, de tanto nos concentrarmos naquilo que queremos ser, não enxergamos o progresso que estamos fazendo. Se você já plantou árvores frutíferas, sabe do que estou falando. Pri-

É possível mudar

meiro a planta desenvolve alguns brotos, que depois florescem e transformam-se em fruta. A fruta muda de cor, mas ainda estará azeda se for apanhada precocemente. Precisa amadurecer. É necessário esperar. Da mesma maneira, também é necessário esperar que a mudança ocorra dentro de você.

Quando criança, talvez você tenha brincado de "pega-pega". Como adultos, precisamos nos esforçar para pegar nossos pensamentos e "levá-los cativos". Por quê? Porque é aí que os sentimentos negativos e os problemas de comunicação iniciam.

Como podemos "pegar" nossos pensamentos de modo a levá-los cativos? Memorizando as Escrituras. O que é necessário mudar em prol do casamento? De que pensamentos você gostaria de se livrar, hoje? Anote-os num papel. Ore a Deus para que você fique atento (a) quando esses pensamentos vierem à sua mente. Anote os pensamentos que você gostaria de ter para substituir os antigos. Leia-os em voz alta várias vezes por dia. E aguarde – você começará a trilhar a estrada da mudança!

Não sofram por insignificâncias

*A discrição do homem o torna longânimo,
e sua glória é perdoar as injúrias.*
Provérbios 19.11

ual será sua reação quando seu cônjuge fizer uma destas coisas?

- Esquecer de anotar um recado ou de telefonar para avisar que está quinze minutos atrasado para o jantar.
- Não fechar a porta da garagem ao sair para o trabalho ou não anotar o valor do cheque no canhoto do talão.
- Tomar mais sorvete do que o normal ou passar tempo demasiado trabalhando.
- Falar muito ao telefone ou achar que você precisa fazer mais exercícios.
- Gostar de fazer compras, mas nunca se lembrar de telefonar antes para saber se a loja tem um serviço de entrega de mercadorias, ou detestar fazer compras e nunca se oferecer para dividir essa tarefa com você.

Começando Juntos

Essas são pequenas coisas que podem assumir proporções gigantescas. Em todos os casamentos, há pequenas ofensas diárias. Vocês precisarão aprender a ignorá-las para que o casamento seja bem-sucedido. Quanto mais criticarem pequenas coisas, consideradas infrações dentro de suas próprias regras de comportamento, menos espaço terão para cultivar o amor e a afeição no casamento. É melhor rir mais e legislar menos.

Vocês precisam ser pacientes um com o outro. Os seres humanos são criaturas estranhas. Por vezes, seu cônjuge poderá demonstrar algumas esquisitices, mas você também tem muitas excentricidades que poderão gerar nervosismo nele. Muitas de suas fraquezas passarão despercebidas por seu cônjuge nos primeiros dias da lua-de-mel. Todos nós temos hábitos que podem ser considerados insensibilidade. A Palavra de Deus nos oferece alguns conselhos: "Não nos julguemos mais uns aos outros; pelo contrário, tomai o propósito de não pordes tropeço ou escândalo ao vosso irmão" (Romanos 14.13).

A sabedoria gera paciência para perdoar as injúrias. "A discrição do homem o torna longânimo, e sua glória é perdoar as injúrias" (Provérbios 19.11). Para que seu casamento cresça, vocês precisarão crescer em maturidade e sabedoria. Os espiritualmente imaturos não perdoam as injúrias. Os casais têm conflitos diários, e a maioria deles jamais aconteceria se as pessoas soubessem deixar as pequenas coisas de lado. Mas o orgulho não o permite.

O orgulho gera impaciência. É fruto da tolice. Tolice é o oposto de sabedoria. Algumas pessoas são arrogantes, acham-se muito importantes, exigem muito e estão sempre censurando os outros. É melhor ser humilde e deixar as pequenas coisas de lado. Não sofram por insignificâncias. Não vale a pena.

Observem o versículo desta mensagem: "... e sua glória é perdoar as injúrias" – glória do homem, não glória de Deus. Essa é uma das raras vezes em que a glória é imputada ao homem. Perdoar as injúrias é tão importante para o nosso Senhor que Ele permite que recebamos a glória quando agimos dessa maneira. Não é a mesma glória que Deus recebe; no entanto, você e seu cônjuge poderão receber esse tipo de glória se deixarem de lado pequenas coisas.

O segredo desse princípio é esforçar-se constantemente para transformar coisas grandes em pequenas. *Em outras palavras, fazer com que as injúrias que são cada vez maiores se tornem cada vez menores.*

Se a pequena injúria cometida por seu cônjuge consistir em não fechar a porta da garagem, feche-a você mesmo(a) e esqueça a injúria. E se for muito grande? Tente conduzi-la de modo diferente.

Uma bênção para o casamento

Ora, àquele que é poderoso para vos guardar de tropeços e para vos apresentar com exultação, imaculados diante da sua glória, ao único Deus, nosso Salvador, mediante Jesus Cristo, Senhor nosso, glória, majestade, império e soberania, antes de todas as eras, e agora, e por todos os séculos. Amém.
Judas 24, 25

No final da cerimônia de casamento, geralmente é impetrada uma bênção. Talvez vocês queiram tomar para vocês a bênção abaixo, compilada de várias fontes:

Que seu casamento lhes proporcione toda a felicidade para a qual foi instituído, e que o Senhor lhes conceda paciência, tolerância e compreensão. Que ele seja repleto de risos e de alegria, e também de conforto e de apoio mútuos. Que vocês possam descobrir a verdadeira profundidade do amor amando um ao outro.

Lembrem-se de que toda a carga é mais fácil de ser carregada quando apoiada sobre os ombros de duas pessoas. Quando vocês se sentirem tristes e desanimados, olhem para Jesus, que tem poder de revigorá-los e fortalecê-los.

Que vocês sempre necessitem um do outro – não tanto para preencher os vazios da vida, mas para que saibam que são plenos da graça de Deus. Que vocês sempre necessitem um do outro, mas não por fraqueza. Exultem e exaltem as características especiais um do outro, porque Deus é o criador do homem e da mulher e das diferenças de personalidade.

Sejam fiéis um ao outro em pensamentos e ações, mas, acima de tudo, sejam fiéis a Jesus. Que vocês possam considerar o leito conjugal um altar de graça e de prazer. Que todas as vezes que estiverem conversando um com o outro, lembrem-se de que estarão falando com alguém a quem Deus disse: "Você é muito especial". Considerem e tratem o cônjuge como alguém criado à imagem de Deus. Lembrem-se de que não devem aprisionar o cônjuge, mas dar-lhe liberdade para ser aquilo que Deus deseja. Que vocês possam se abraçar, sem sufocar um ao outro.

Que Deus renove a mente de vocês de modo que extraiam o melhor um do outro. Procurem encontrar coisas para louvar um ao outro, nunca achando que o cônjuge é propriedade sua. Digam sempre: "Eu amo você" e relevem pequenos deslizes. Declarem-se um ao outro, submetam-se um ao outro e acreditem um no outro. Se houver diferenças que possam separá-los, que ambos tenham bom senso suficiente para voltar atrás. Que as palavras "Você tem razão", "Perdoe-me" e "Eu o(a) perdôo" sejam sempre pronunciadas.

Nós te agradecemos, Pai celestial, tua presença aqui conosco e tua bênção sobre este casamento.

Em nome de Jesus,

Amém.

Sua opinião é importante para nós.
Por gentileza, envie-nos seus comentários pelo e-mail:

editorial@hagnos.com.br

Visite nosso site:

www.hagnos.com.br